LA VIDA ES UN
MILAGRO

DESCÚBRELO POR TI MISMO

Una historia inspiradora de una vida
de transformación de fe y gratitud.

VILMA O. ORREGO

Publicado por Ibukku, LLC
www.ibukku.com
Diseño y maquetación: Índigo Estudio Gráfico
Copyright © 2022 Vilma O. Orrego
ISBN Paperback: 978-1-68574-209-6
LCCN: 2022916814

ÍNDICE

Dedicatoria 5

Agradecimiento 7

Prefacio 9

Introducción 17

PRIMERA PARTE
MOTIVACIÓN 23
Capítulo 1
Una historia verídica 25
Capítulo 2
Evidencia científica sobre el poder de la fe 37
Capítulo 3
Soy una mujer con convicción 53

SEGUNDA PARTE
MI DESPERTAR 67
Capítulo 4
Las señales y los signos de mi despertar espiritual 69
Capítulo 5
Descubrí mi propósito de vida 81
Capítulo 6
Vivo el aquí y el ahora y aprendo de cada experiencia 89

TERCERA PARTE
EL EQUILIBRIO ENTRE LA MENTE Y EL CORAZÓN ES LA
CLAVE 99
Capítulo 7
Tomar responsabilidad de mis propias acciones me ayudó a crecer 101
Capítulo 8
Aprendí a cerrar los capítulos de mi vida - dejar ir 109

CUARTA PARTE
TENIENDO EXPERIENCIAS DE ESPIRITUALIDAD 131
Capítulo 9
Acontecimientos sincronizados por la mano divina 133
Capítulo 10
Sueños hechos realidad 155
Capítulo 11
Bendecida en plena recesión 169

QUINTA PARTE
LECCIONES APRENDIDAS   191
    Capítulo 12
    Perdón y gratitud   193
    Capítulo 13
    Aprender a escuchar la voz de tu intuición   217
    Capítulo 14
    Si sientes un vacío por llenar   263
    Referencias   275
    Sobre el autor   281

DEDICATORIA

Dedico este libro a la memoria de mis amados padres, quienes descansan eternamente en la Gloria de Dios Padre. Ellos me dieron la vida y fueron mis mejores maestros, mis amigos, mis consejeros, mis guías en la vida.

A mis queridos y adorados hermanos porque ellos aportaron algo valioso en mi crecimiento y participaron en mis vivencias de vida. Con sus experiencias, emociones, logros y sentimientos me ayudaron a ser constante y seguir mis sueños.

A mis valiosos y entrañables estudiantes de todas las edades, quienes, creyeron en mí y me animaron a escribir este libro. De la misma manera, agradezco a mis queridos y leales amigos, que me alentaron con sus palabras, consejos y confidencias.

Cada uno de ellos de algún modo me ofreció su amor incondicional en mi camino de vida.

AGRADECIMIENTO

Sería imposible que yo pueda reconocer a cada una de todas las innumerables personas por su valiosa contribución de conocimiento, amor, amistad, consejos, comprensión, paciencia, consuelo, apoyo moral y material en algunos casos, y mucho, mucho más, que he recibido en el camino de mi vida.

Me siento profundamente agradecido quizás, jamás podré expresar mi gratitud completamente a todos los seres con quienes me he encontrado a lo largo del viaje de mi vida. Por cada idea, por cada palabra, por cada actitud recibida doy una bendición de regreso a todos y cada uno de ellos.

Para aquellos que me aman - Puedo decirles que ya forman parte de mí, y quiero dar a otros lo que ustedes generosamente me ofrecieron a mí en el momento perfecto.

A mi familia - Por su paciencia y comprensión, por escuchar mis sugerencias, consejos, referencias en nuestras conversaciones. Los amo a todos y agradezco a Dios por tenerlos unidos, centrados y conectados en el amor, armonía y paz. Gracias por ser mis mejores maestros.

A mis estudiantes - Quienes expresaron su confianza, energía y pusieron su fe en mí. Quiero decirles gracias por ser mis maestros, por mostrarme partes de mí, donde necesité seguir trabajando. Por ser receptivos, por escuchar y aceptar mis sugerencias, por recibir con amor mis consejos, por confiar en mí y permitirme ser su confidente. Con ellos aprendí a ser paciente y saber escuchar.

A mis amigos- Gracias por sus consejos, por su amistad leal, que valoro y aprecio, por compartir conmigo momentos buenos y momentos de reto, por su honestidad y lealtad, por sus consejos amorosos y sabios en momentos difíciles, por extenderme sus manos y ayudarme a levantarme de nuevo en mis momentos cruciales. Gracias por todo el aprendizaje mutuo, por aceptarme exactamente como soy, con mis habilidades, mis defectos, mis dones, mis estados de ánimo a veces no muy amigables y mucho más.

Mi profundo agradecimiento a las siguientes personas hermosas que se tomaron el tiempo y paciencia en leer parte del manuscrito, aportando sus comentarios y sugerencias en el desarrollo de este libro: Meg Williams, Elga Sánchez, Montse Mota, Rosa Cruz y Rosa Register. Gracias valoro su ayuda y apoyo.

A Madeline Rosales quien ha sido una gran ayuda en revisar y verificar aspectos de gramática, puntuación y ortografía. No pude haberlo hecho sin su valiosa ayuda, estoy muy agradecida.

También mi agradecimiento especial a mi amiga Mariana Moreno, ella es una Diseñadora Gráfica profesional por su valiosa ayuda en diseñar la portada y la contraportada del libro y sus comentarios y sugerencias, brindándome más claridad en mis ideas.

Gracias a todos aquellos quienes estuvieron conmigo ayudándome en el desarrollo y la producción es este libro, los amo y respeto. Gracias por su inspiración amorosa que me ayudó en el tiempo que estuve escribiendo este libro. Gracias por sus sugerencias y sus análisis críticos de las ideas sobre despertar, transformación y fe desarrollados en este libro, y que los recibí como un equivalente al amor que todos somos y con el que deseamos unirnos cada vez más y más.

PREFACIO

Fue un sábado de un día de otoño. Abrí mis ojos repentinamente en aquella cálida y hermosa mañana de octubre. Desperté completamente y vi la hora, eran las 7:15 am., me pareció muy temprano. Aunque dormí profunda y plácidamente me sentía aun un poco cansada y decidí seguir durmiendo.

Lo que paso aquel día, fue algo diferente, por primera vez estaba escuchando a mi cuerpo, fue algo nuevo para mí. Desperté más tarde sintiéndome mucho mejor, más descansada y liviana. Disfruté de un buen baño y proseguí con mi rutina diaria. Prepare el mejor desayuno para ese día, con alimentos nutritivos que fortalecen y revitalizan mi cuerpo porque para mí ese día era muy especial, no sabía por qué, pero lo presentía muy dentro de mí.

Uno de mis hábitos espirituales favoritos es leer "La Palabra Diaria". Adopte este hábito, hace ya algunos años, y para ese día hablaba de "La Fe", justamente lo que necesitaba escuchar. Estoy trabajando en esto, orando al Espíritu Santo que me mantenga centrada y conectada con el Espíritu Divino, esa esencia sagrada que es Dios para seguir fortaleciendo mi fe y que cada día, esta sea más sólida e inquebrantable.

Mientras yo hacía todo esto, recibí una llamada, era una amiga muy querida con quien tenía planeado cenar esa noche en su restaurante favorito para celebrar su cumpleaños, para preguntarme si era posible cambiar el restaurante. Entonces pregunté ¿por qué? Su respuesta fue que, en el restaurante que ella sugería, la cena era gratis para la persona que cumplía años. Esto me tomo por sorpresa, pero sin entrar en discusión, respondí que esta cena era un regalo de parte de todo el grupo por su cumpleaños y que todo estaba bien.

Después de una breve pausa ella expreso realmente la razón de esto, mencionando que otra amiga que iba con nosotras le había sugerido esto porque estaba teniendo problemas financieros y no podía gastar más de lo que disponía en su presupuesto. Yo agradecí a mi amiga por haber compartido y expresar su honestidad al respecto, asegurándole que entendía perfectamente su situación. Exprese mi sentir diciendo que estamos juntas para ayudarnos mutuamente y que le dijera que no se preocupara porque ella contaba con nuestro apoyo y respaldo.

Mientras todavía estaba en el teléfono con mi amiga, sentí el deseo de orar y pregunté si deseaba acompañarme en este instante aquí y ahora. Ella acepto y procedí diciendo: "Somos seres prósperos y vivimos en un universo de abundancia infinita, todo está bien porque Dios nos provee y desea siempre lo mejor para nosotros sus hijos amados" Ella se quedó más tranquila y a la vez contenta de saber que iríamos a su restaurante favorito.

Después de terminar la conversación con mi amiga, me quedé un momento reflexionando en el principio de dar sin esperar recibir, tenía los ojos cerrados tratando de ir a ese silencio sagrado como yendo más profundo dentro de mí, como esperando una respuesta divina, y de repente algo inesperado sucedió, no sé si fue un despertar o estaba soñando despierta, sentí una voz dulce y amorosa que venía de mi corazón, mi intuición. Sentí nítidamente el llamado de escribir mi libro. Fue tan claro, tan real como si hablara con una persona.

Me sentí muy contenta y bendecida por tener esta experiencia tan sublime y bella. La voz fue apacible, amorosa como un susurro, fue como un pequeño dialogo, cuando escuché que me decía: Vilma es tiempo de comenzar a escribir tu libro, luego una pausa – Yo respondí: ¿Cómo?, escribir mi libro, okey, sí, pero ¿Cómo se escribe un libro?

Nuevamente otra pausa – y la voz dijo: Mira cualquier libro que tienes en tu estante y tendrás una idea de cómo hacerlo. Estaba en éxtasis, me levante instintivamente de la mesa y camine hacia el estante de libros, observé, leí algunos títulos y sentí como que alguien guiaba mi mano hasta que tome el libro de Louis L. Hay *Tú puedes sanar tu vida*, un libro que llego a mis manos en un momento de mucho reto con mi salud y que he leído muchas veces y me ha ayudado muchísimo en el cambio de mis pensamientos negativos transformándolos en positivos y que todavía lo tengo y lo uso como referencia. Regresé a la mesa, di una mirada rápida, leí el prólogo y me dije a mi misma: esto es de lo que quiero escribir, quiero un libro que inspiré a otros, basado en mis propias experiencias, situaciones vividas y superadas en este camino espiritual que yo escogí hace mucho tiempo para trasformar mi vida y ser cada día mejor ser humano, gracias a la presencia divina de Dios en mí.

Casi al mismo tiempo que estaba disfrutando de ese momento increíblemente mágico, lleno de algarabía donde quería permanecer más tiempo, sorpresivamente afloro en mi mente la memoria, el recuerdo de la imagen de un familiar muy cercano a mí, cuando yo era una niña y recordé vívidamente que él fue una de mis primeras inspiraciones a muy temprana edad. Esto parecía como algo sacado de una película de misterio y también pensé como algo valioso que encontré en un baúl olvidado en el tiempo. La verdad es que esta memoria hermosa estaba guardada, dormida en mi subconsciente y gracias a ese evento que viví, "el llamado interno" fue que se activó y salió a la superficie.

Asombrada de estas magníficas revelaciones, me dije a mí misma, esto es perfecto, justo lo que deseaba, el motivo, la razón exacta para mi libro de carácter inspiracional. Poco a poco fui regresando de ese viaje fugaz en el tiempo y espacio para luego tomar conciencia y entender que esto sucede cuando los velos que yo misma había creado, comenzaban a caer suavemente en el tiempo y lugar perfectos. Ahora tenía sin duda alguna la esencia de este libro.

Expreso mi gratitud a Dios por iluminar mi mente y permitirme ver claramente acerca del contenido que tendrá este libro. La inspiración que llego a mi vida de parte de un miembro de mi familia muy cercano a muy temprana edad y mi trabajo interno en el camino espiritual que me han ayudado a transformarme.

Así fue como vino esta idea clara y real a mí en el momento perfecto de Dios, porque yo, ya había tenido esta misma idea mucho tiempo antes, para ser más exacta en el año 2003, después de superar milagrosamente un reto de salud. En aquel momento esta idea estaba constantemente en mi mente, pero nunca se cristalizo, porque no tome acción para escribirlo, simplemente no se manifestó. Ahora después de varios años puedo decir que aquel momento no fue el más apropiado.

Creo firmemente que todo en la vida tiene su tiempo y lugar en las que se dan los acontecimientos con una clave infalible: en el tiempo de Dios, no en el mío.

En este libro pretendo contar y transmitir lo que he aprendido a través de mis vivencias personales. Una historia real la cual me motivó inmensamente cuando yo todavía era una niña. Lo que percibí de este personaje real, quedó impreso en mi mente y me ha ayudado en el desarrollo de mi vida adulta.

Quiero enfatizar que las enseñanzas que aprendí de esta extraordinaria persona fueron muchas y la mejor que considero para mí fue la de tener sentido de superación. Yo considero que la superación es el antídoto que muchos seres humanos deseamos, este es el que nos impulsa a dar un paso más, y otro más adelante.

El pensamiento maduro, la responsabilidad, la consideración y determinación que vi en un ser tan joven, (Edad entre 10 y 13 años- Adolescencia temprana) influyeron en mí, determinando en ese momento que yo también podía hacerlo. Considero que este aprendizaje ha jugado un papel importante en los momentos de retos y adversidades que he vivido porque me han ayudado a manejar mejor cada situación adversa y superarla positivamente.

De él aprendí a ser dedicada, persistente y determinada. No importaba cuántas veces me sentía desanimada, fustada o derrotada, solo tenía que tomar un momento para respirar profundamente, aceptar y tomar más impulso para comenzar de nuevo una y otra vez.

En el viaje de nuestras vidas, pasamos por facetas donde la necesidad de poder sobrevivir nos da el valor y la fortaleza para atrevernos, para arriesgarnos y tomar las acciones necesarias en el momento que se vive.

Quiero llevarte por el extraordinario camino en el que caminé a través de mis experiencias personales que son pasajes y eventos reales, situaciones vividas, reflexiones, tristezas profundas, retos, pero también alegrías y gozo que he experimentado y que gracias a mi despertar y al trabajo interno y dedicado he podido superar muchos obstáculos y adversidades a lo largo del camino. Mi mayor deseo es que te sientas más animado y des rienda suelta a tu curiosidad

Así como yo tuve, tengo y seguiré teniendo siempre el deseo de mejorar, de superarme y ser feliz, siento que muchos de ustedes desean lo mismo. Yo encontré todo esto interesante y cautivador, despertando así mi curiosidad para iniciar mi trabajo personal.

Entre estas páginas descubrirás cosas que despertaran tu interés y que querrás ponerlas en práctica. No puedo afirmar que mi libro te cambiará la vida en un cerrar y abrir de ojos, pero lo que sí puedo asegurarte es que este libro te invitará a motivarte e inspirará hacia el cambio y reflexión en muchos aspectos de tu vida que quizás has estado evitando por miedo o resistencia.

A través de este libro deseo ofrecerte pautas, herramientas, claves generales y estrategias que me han ayudado en mi camino de crecimiento espiritual que sigo y seguiré trabajando en mí, porque considero que es la única manera que yo pueda aprender a ser más consciente y mejorar el balance entre mi mente y mi corazón.

Cuando yo decidí ser un mejor ser humano, una nueva versión de mí misma y aprender a ser más consciente hace más de dieciséis años, tuve una intención genuina y luego un compromiso personal de que sí quería hacerlo.

Estoy convencida que este es el momento perfecto para hacer realidad mi deseo más preciado, y es: este libro que estas leyendo ahora. Mi gratitud es profunda por haber escuchado los constantes comentarios, sugerencias y consejos de mis amistades, estudiantes, amigos y familiares animándome a escribir este libro, para luego hacerlo realidad. Siento de corazón que tengo mucho que dar porque he recibido y sigo recibiendo tantas bendiciones. Soy una eterna estudiante de la vida y puedo decirles sinceramente que la vida ha sido, es y seguirá siendo mi mejor maestra.

Me sentiré inmensamente agradecida y bendecida si después de leer este libro, tú puedes extraer o tomar una sola cosa o una idea que te ayude a dar el primer paso y por ende dar mejor sentido a lo que estas viviendo en este momento presente de tu vida.

Mi deseo más profundo es que mi libro te ayude a tener mejor acceso a las fuentes divinas que están dentro de ti y cada uno de nosotros porque son parte natural de nuestra naturaleza como seres espirituales que somos y que te ayude a encontrarte a ti mismo, que te revele el ser magnifico, puro y poderoso que TÚ ERES.

INTRODUCCIÓN

"No se vive sin la fe. La fe es el conocimiento
del significado de la vida humana.
La fe es la fuerza de la vida.
Si el hombre vive, es porque cree en algo"
León Tolstoi (Novelista Ruso -
Escritor más destacado de la Literatura Mundial)

Para todos los que lean este libro, deseo compartir mi aprendizaje, crecimiento personal e interno a través de mis experiencias de vida, venciendo obstáculos y en muchas otras enfrentando adversidades que no pudieron haber sido superadas, sin tener mi fe puesta en Dios. Para mí, la Fe juega un papel importantísimo en las decisiones y acciones que tomamos para superar los retos que experimentamos en la vida.

El tiempo que estamos viviendo actualmente, en pleno siglo XXI, considerado como la era de la tecnología y al mismo tiempo del despertar espiritual, nos está invitando a tomar conciencia y reflexionar en todas las situaciones, acciones, decisiones que experimentamos, vemos y sentimos que no están alineados para lograr nuestro mejor bien, sino que por lo contrario siguen haciéndonos daño, frustrando nuestro avance sin lograr hacer realidad nuestros sueños.

La tecnología que sigue avanzado a pasos agigantados saturando la vida diaria del ser humano, la vida personal, privada y social. Sucede que todos estos equipos tecnológicos mantienen a la mayoría, sumamente ocupados, estresados, preocupados, con un temperamento muy cambiante e irritable, porque sus vidas están enfocadas solo en este aspecto fuera de ellos, actuando automáticamente, y creyendo que esto les ayuda a crecer y desarrollarse. Es evidente ver que en la mayoría de los casos dirige nuestras vidas, especialmente la vida de los jóvenes y niños.

Esta adicción que consume a la gran mayoría de seres humanos no les permite tomar una pequeña pausa y dedicar tiempo para ellos mismos, y tomar conciencia de su propia existencia.

Trabajando muy de cerca en mi trabajo de investigación, buscando fuentes de credibilidad relacionadas al proceso de evolución y transformación de los seres humanos, es evidente que hay una necesidad muy grande de aprender a tomar conciencia de no culpar a nadie ni a nada. Todos los "problemas" que experimentamos contienen la semilla de la oportunidad. Cuando aceptamos las circunstancias, los eventos, los problemas, entonces estamos asumiendo responsabilidad y esto significa la habilidad de tener una respuesta creativa a la situación como se presenta ahora.

Esta conciencia te permite tomar el momento y transformar lo que tienes en las manos en algo mejor. Cuando hagas esto, cada situación a la que consideras "una molestia", "un fastidio" las veras convertirse en la mejor oportunidad para la creación de algo nuevo y bello, y cada individuo que percibas como "tirano" o "verdugo" se convertirá en tu mejor maestro de vida. La realidad es una interpretación, si eliges interpretarla de esta manera tendrás muchos maestros a tu alrededor y muchas oportunidades para seguir aprendiendo y desarrollándote.

Toda experiencia o situación que llegue a tu vida en este momento es exactamente lo que necesitas, hay un significado oculto detrás de cada situación o evento, el cual está sirviendo para continuar con tu evolución.

En mi trayectoria trabajando en el área de educación como docente e instructora de ESL (inglés como segundo idioma) por más de 18 años, he tenido la satisfacción de trabajar con múltiples grupos, desde adolescentes en la escuela intermedia y secundaria, hasta adultos en educación comunitaria trabajando con organizaciones sin fines de lucro y con grupos heterogéneos en una de las mejores universidades privadas, en Atlanta, Ga. con el programa educación continua para adultos. Puedo afirmar que existe un vacío inmenso de no saber cómo amarse a sí mismo, existe una falta de autoestima que muchas veces está vibrando en una escala muy baja.

Entiendo que nadie nos enseñó a amarnos a sí mismos, por lo tanto, no nos amamos lo suficiente para poder enfrentar los retos, circunstancias, eventos negativos que se suscitan en nuestras vidas. Lógicamente como seres humanos que somos, reaccionamos sin pensar y culpamos a otros por todos nuestros errores y fatalidades. Es así como vamos creciendo sin poner atención a nuestro interior para descubrir que somos más que este ser humano de carne y hueso; somos espíritus teniendo una experiencia humana.

El deseo tan fuerte que nació en mi para conocerme más y descubrir mi Ser más profundo, me llevó a iniciar mi trabajo interno. Se despertó en mi la curiosidad de leer libros de crecimiento personal, de participar en charlas educativas relacionadas con temas espirituales e inspiracionales. A tomar clases de yoga, meditación, inclusive a tomar terapias de regresión o más conocidas como sanación del niño interno. Me enfoqué de lleno en todo esto que lo encontré fascinante porque sabía que estaba lista para dar apertura a mi verdadero ser, dando la bienvenida a mi transformación.

Este libro llega a ti con el único propósito de ayudarte a descubrir el potencial que todos tenemos para vivir una vida llena de plenitud, abundancia, gozo y gratitud.

Creo que este libro tiene mucho que aportar a toda persona que lo lea, es una herramienta muy útil para comenzar con tu crecimiento personal.

También puedo decir que, con el transcurso de los años, se ha venido superando la idea repetida que se tenía, acerca de que solo las personas que tenían problemas emocionales o mentales recurrían a un libro de autoayuda. La verdad es que todos los seres humanos, incluida yo, tenemos el deseo de ser felices y sin un buen manejo de las emociones es difícil lograrlo.

Existe en el mundo, el deseo latente de mejorar, de superarse, de dejar de sobrevivir y empezar a vivir de verdad y por este motivo es que las personas acuden a estos libros buscando herramientas y estrategias para un objetivo común, que es el bienestar emocional. Los eventos y acontecimientos que vivimos día a día a nivel personal, familiar y en el mundo entero, de alguna forma afectan nuestras emociones y nuestra salud mental, es aquí donde este tipo de literatura llega a todo lector porque lo encuentran necesario e interesante.

Puedo afirmar en base a mi experiencia personal y como educadora, que los temas de interés son siempre los mismos: mejorar la percepción que se tiene de uno mismo, la autoestima, mejorar la confianza y seguridad personal, aprender a manejar la ansiedad, superar la adversidad y algo muy común el desamor, en especial con los jóvenes adolescentes.

Si quieres un cambio en tu vida, este es el momento, está en tus manos. Todo dependerá de lo que tú hagas mi querido lector con el contenido de este libro y de la constancia y perseverancia con la que lo trabajes.

El libro que estas leyendo te proporciona información, pautas, claves generales, y es importantísimo que tomes conciencia de trabajar y esforzarte para que el cambio se produzca.

Deseo enfatizar que esta es mi experiencia personal, el resultado de mis propias vivencias que me han dado resultados positivos, mejorando mi persona y mi entorno. Soy optimista pensando que luego de leer este libro, puedas tomar algo que resuene en ti, para comenzar tu cambio y dar sentido a tu vida, te animará a conocerte asimismo y aprenderás a no limitar tu vida ni perder oportunidades por este enemigo mental.

Espero que al ir leyendo puedas encontrar puntos relevantes que de una u otra manera te servirán si decides aplicarlo en tu propia experiencia ayudándote a ordenar el camino que estás teniendo ahora mismo en tu vida. Te dará confianza en ti mismo, para trabajar y encontrarte, descubriendo tu "Ser puro". Despertará tu motivación, descubriendo el deseo genuino de hacer lo que amas hacer, quizás tu sueño resurge y tendrás una nueva oportunidad de hacerlo realidad. Abrirá tu entendimiento para preguntarte: ¿Quién eres realmente? y ¿Hacia dónde vas? o ¿Cuál es tu dirección en la vida? Hacia donde te diriges. Las respuestas están dentro de ti, solo toma una pausa y escucha tu corazón. Así comenzaras a comprenderte mucho mejor.

Pienso que lo más bello de este mundo no puede verse ni palparse, pero de lo que si estoy convencida es que puede sentirse con el corazón.

Nuestro corazón es el que realmente nos guía a hacer una u otra cosa. Gracias a este órgano divino he intentado llevar mi vida por el camino que mi corazón me guía y, puedo decir sinceramente que no ha sido nada fácil, pero no imposible, con el transcurso de los años creo haber logrado estar donde quería estar haciendo lo que deseaba en cada momento vivido.

PRIMERA PARTE
MOTIVACIÓN

CAPÍTULO 1
UNA HISTORIA VERÍDICA

Esta historia comienza en un lejano poblado llamado "Tabernas", ubicado en Perú en la etapa que fue Hacienda entre los años 1908 que se inició y el año 1969 cuando terminó. Allí vivieron mis abuelos y tíos por muchos años, hasta que el gobierno militar de Juan Velasco Alvarado, un gobierno dictatorial de ese tiempo decretó la reforma agraria, ordenada con una Ley el 24 de junio del año 1969. Esta reforma consistió en expropiar[1] las tierras agrícolas del sector privado sin considerar ningún pago a cambio. Éstas a su vez fueron transferidas directamente a los trabajadores de las plantaciones, por medio de cooperativas y comunidades campesinas. De hecho, fue un golpe muy duro para mis abuelos, el Señor Santos Balcázar y La Sra. Carmen Saldaña, toda su familia y todas las personas que vivieron en ese entonces, fueron afectadas por este acto injusto y de abuso de autoridad en un gobierno dirigido por un dictador.

Muchos sucesos adversos de ese entonces afectaron y provocaron situaciones difíciles en mi familia, pero no todo fue negativo, también hubo momentos hermosos y positivos. En especial quiero contarles acerca de la historia de mi tío Eduardo Balcázar, cuyos logros me impactaron profundamente.

Todo sucedió cuando el hijo menor de mi abuelo, Eduardo un niño en la edad de la adolescencia, tenía trece años, tomó

---

1 El término expropiar significa quitar una propiedad a una persona por motivos de interés público, dándole generalmente a cambio una indemnización. En el caso de Perú no sucedió así porque se vivía un gobierno dictatorial.

la decisión más grande de su vida, salir de este pequeño pueblo donde vivía y explorar el mundo porque él tenía un sueño y quería hacerlo realidad.

El pequeño poblado donde vivía tío Eduardo era un lugar tranquilo y acogedor, donde casi todos se conocían. A unos cuantos kilómetros de la casa se encontraba la Casa Hacienda, dirigida por el hacendado o patrón, quién era la suprema autoridad y tenía la facultad exclusiva de administrar su empresa de la manera que mejor le pareciera. El padre de mi tío, o sea mi abuelo, trabajaba para la Casa Hacienda.

En ese tiempo muchos terratenientes tenían hectáreas de terreno donde sembraban caña de azúcar y por lo tanto tenían muchos trabajadores obreros para el trabajo de cosecha. Mi abuelo trabajaba como Vigilante jefe o encargado, y una de sus funciones era llevar los reportes de los trabajadores de corte de la caña de azúcar a la casa Hacienda, para lo cual, le proveían de un caballo, para desplazarse porque del pueblo al lugar de trabajo había varios kilómetros de distancia.

El sueño de tío Eduardo

Mi tío le ayudaba en algunos quehaceres de trabajo a mi abuelo. Un día tuvo la oportunidad de ver los reportes que mi abuelo presentaba y se quedó impresionado de ver que bien hechos estaban, la escritura era a mano con una letra hermosa tipo "Cursiva americana" y muy clara para leerla, él se quedó asombrado. Esto fue su inspiración, y pensó para sí mismo, esto es lo que yo quiero hacer cuando crezca: "Quiero ser un Contador" o tener una posición donde pueda dirigir al personal o algo parecido.

Su sueño quedo grabado en su mente y los días pasaban, las semanas, los meses y el tiempo en sí, y se daba cuenta que viviendo en ese lugar haciendo lo que hacía, ayudando a su padre en algunas actividades de su trabajo en el campo, y en las cosas rutinarias del diario vivir, no avanzaba en nada ni tampoco progresaba para hacer algo por su sueño. Fue así como un día despertó con la idea clara en su mente de irse a la capital, esto sucedió en el año 1951.

Él pensaba que allí tendría más oportunidades de estudiar y trabajar al mismo tiempo, pero había algo más profundo dentro de él que lo movía a actuar, era que ya no quería ser más, una carga para sus padres porque ellos ya tenían muchas obligaciones que cubrir para con sus otros hermanos. A su temprana edad, ya pensaba como un adulto responsable y considerado. En ese tiempo él apenas había terminado su educación primaria y había cumplido los 13 años, prácticamente era un niño y no conocía a nadie donde llegar en la capital, ni tampoco había alguien que lo pudiera aconsejar o guiar en lo que debía hacer para viajar a una ciudad tan grande donde todo sería completamente diferente.

La travesía del campo a la ciudad

Mi tío, nunca había salido de su natal Tabernas a otro pueblo o ciudad a su alrededor. Él era muy despierto y determinado para su edad, mientras se preparaba para su hermosa y desconocida aventura, un día su padre, mi abuelo, recibió una carta de su hermana Isabel quién vivía en la capital (Lima) en ese entonces y que, mi tío no tenía idea de su existencia, nunca había tenido la oportunidad de conocerla; de inmediato pensó, esto puede servirme más adelante, rápidamente tomó un lápiz y papel y escribió la dirección completa y la guardo, pensando que en algún momento, esto lo ayudaría si viajaba a la capital como él soñaba.

El joven Eduardo tuvo gran apoyó de su hermana Adela, mi madre, con quién tenía una relación muy estrecha y fue ella quién le dio otra referencia donde podría llegar en caso de que la hermana de mi abuelo no lo recibiera. Ella le proporcionó el nombre y dirección de la tía Blanca, quién vivía también en Lima. Con esto en mente, fue como mi tío comenzó a averiguar y buscar información sobre el transporte, y ver dónde y cómo podría comprar el pasaje para su viaje.

De una u otra forma, se las ingenió para lograr obtener la información que buscaba. Había pensado en todo, y de lo poco que recibía de sus propinas había estado ahorrando, con lo cual pudo comprar el pasaje sólo de ida a Lima, la capital de Perú, porque no disponía de más dinero para un pasaje de ida y vuelta.

En varias oportunidades él había hablado con sus padres acerca de su intención de irse a la capital, y ellos sabían que en cualquier momento él se iría, pero tenían la esperanza de que esto no sucediera, y que eventualmente él desistiera de su idea.

Una vez que tuvo su pasaje y el lugar donde llegar, aun sabiendo que esa familia no lo conocía, emprendió su viaje de aventura. Las salidas de los autobuses para-Lima solo eran por la noche y la distancia era de 15 a 18 horas de viaje. Realmente un viaje muy largo. Él se sentía contento por la decisión que había tomado, pero al mismo tiempo sentía una profunda tristeza y mucho miedo porque no sabía lo que le esperaba cuando llegara a la ciudad de Lima.

Mientras pensaba en todo esto se quedó completamente dormido y tuvo un sueño hermoso. Soñó que una paloma blanca iba delante del autobús, como que guiaba al autobús, y él sentía tranquilidad, pero en un momento se despertó bruscamente y se dio cuenta que todavía faltaba para llegar, nuevamente cerró sus ojos y volvió a dormirse, y como por arte de magia instintivamente continúo con lo que estaba soñando, ahora veía que entraba a una ciudad blanca, con edificios grandes y blancos, todo era hermoso, él se veía caminado, observando a su alrededor, fue en este momento que la voz del chofer lo despertó, este anunciaba la llegada a Lima y entonces vio que ahora sí, habían llegado a la capital, su asombro y satisfacción fue inmensa, ni él mismo se lo creía!

Una vez allí buscó la dirección, y preguntando tomó un autobús y se dirigió a la casa de la hermana de su padre. Finalmente llegó al destino de la familia que no conocía, pero él saludó y se presentó diciéndoles quién era y su alegría fue grande cuando lo recibieron y lo hicieron pasar a la casa, pero luego después de una conversación entre ellos, le mencionaron que no era posible que se quedara con ellos por mucho tiempo, pero que estaba bien por ahora hasta que se ubicara en la ciudad y pudiera encontrar otro lugar. Entonces recordó la otra referencia que le había dado su hermana y decidió visitarla. Dejó ahí su maleta, avisando que regresaría pronto y salió con dirección al otro familiar. Resultó que la dirección que tenía era del lugar donde Blanca trabajaba y esto estaba en el centro de la ciudad. Por supuesto que Blanca tampoco lo conocía y cuando él se presentó allí en su trabajo, diciéndole quién era y de dónde venía, Blanca se quedó completamente sorprendida, no podía creerlo que este niño hubiera decido venirse solo a la capital, viajando tantas horas, arriesgándose con los peligros del trayecto, pero que viéndolo ahora ahí frente a ella sano y salvo, era algo hermoso y entonces se puso contenta y le pidió que la esperara que terminara su turno para salir del trabajo.

Una vez terminada su jornada de trabajo, los dos se dirigieron a la casa donde ella vivía. Blanca tenía un cuarto rentado en la casa de su tía Bertha, quién era hermana de parte de la madre de mi tío Eduardo, o sea de mi abuela. Finalmente, aquí fue donde mi tío se quedó a vivir porque esta tía lo acogió con buena voluntad. Él se sintió más tranquilo porque estaba en familia y lo recibieron con alegría. Todo esto paso el mismo día que llegó a esta ciudad, así que tan pronto supo que podía quedarse con esta familia, de inmediato regresó a casa de Isabel la hermana de su padre para recoger su pequeña maleta, agradecerles y despedirse porque había encontrado un lugar con la familia materna. Es aquí donde mi tío inicia realmente su aventura, y comienza su vida fuera de su dulce hogar, lejos de sus padres y hermanos.

Su deseo de comenzar a estudiar era tan grande, que lo primero que tenía que hacer era buscar trabajo, lo cual le tomó algún tiempo. Algo que mi tío cuenta es que cuando llegó a la casa de la tía Bertha, le proporcionaban comida y un lugar para dormir, pero él se sentía muy mal e incómodo porque no trabajaba todavía y no podía corresponder como a él le hubiese gustado hacerlo, es decir ayudar económicamente con los gastos de la casa.

Él trae a su memoria muy claramente que su padre le hizo llegar algún dinero cuando recibió su indemnización de su trabajo en la Hacienda Pucalá. Lo primero que mi tío hizo, fue pagarle algo a la tía Bertha por el favor que ella le estaba haciendo. Que gran sentido de comprensión, responsabilidad y generosidad mostró siempre desde niño.

Siguió buscando trabajo hasta que finalmente encontró como obrero en una fábrica de galletas, que se llamaba "Field". Así continúo trabajando en muchas otras actividades, pasando penurias, haciendo trabajos duros, recibiendo salarios muy por debajo de lo normal y pasando situaciones difíciles, en ambientes desagradables, solo, sin tener a donde voltear para recibir una palabra de aliento, sin tener a nadie que lo apoye o que lo aconseje. A pesar de todo esto, él seguía siempre adelante, su deseo de superarse lo empujaba a seguir dando un paso más hacia adelante, pero nunca pasos atrás.

Él expresa que fue muy duro pasar el tiempo solo, con mucha nostalgia, sin sus padres, prácticamente viviendo con desconocidos, especialmente en fechas como Navidad, los cumpleaños de sus padres, su propio cumpleaños, el día de la madre, el día del padre etc. También recuerda que lloraba mucho, casi todas las noches porque extrañaba demasiado a su familia, era tanta su tristeza que muchas veces pensó regresar a su casa y olvidarse de todo, pero él tenía un Sueño y el solo hecho de pensar en esto le daba fuerzas y voluntad para seguir manteniendo su sueño con vida.

EDUCÁNDOSE PARA AVANZAR Y PROGRESAR

Su próximo paso era ir a la escuela para continuar estudiando la secundaria, pero no sabía qué hacer ni a donde ir, se sentía atado de manos y pies, porque nuevamente estaba solo, no contaba con una persona adulta de confianza que lo ayudara a encontrar la información que él necesitaba. Siempre se decía, a sí mismo: "ya estoy trabajando y la única opción que tengo es estudiar por las noches, necesito información de escuelas con horarios nocturnos". Él expresa que la necesidad de poder sobrevivir le dio tanto valor y fuerzas para atreverse a preguntar, y hablar con algunos compañeros que conoció en los trabajos donde él laboraba, así fue como logró encontrar información para estudiar lo que quería.

Después de un tiempo de haber ahorrado algún dinero, logró matricularse en una escuela que encontró, esta fue el Colegio Melitón Carbajal para estudiar la secundaria nocturna porque durante el día era imposible, él trabajaba mucho. Después de casi un año de estudios en la secundaria común, tuvo la oportunidad de recibir consejos de uno de sus profesores y éste le sugirió que, si quería ser "Contador Mercantil", debería estudiar la secundaria comercial para después poder trabajar en una buena empresa. Fue gracias a la recomendación de este profesor que él pudo hacer el traslado de la Media Común a la Media Comercial y continuar estudiando un año más hasta que se graduó satisfactoriamente, recibiendo su Diploma de Contador Mercantil en la Promoción 1962.

Satisfecho con sus avances y ahora con su diploma de Contador Mercantil logró tener mejores oportunidades de trabajo, como el puesto que obtuvo en Peruvian Autos Ltda. S.A., una buena empresa donde trabajó como él dice con una sonrisa amplia en sus labios, "de acuerdo con la ley", significaba que ahora estaba considerado en planilla, con un mejor sueldo, con beneficios, vacaciones y gratificaciones pagadas. Una enorme diferencia al tipo de trabajo que había hecho antes, y que ahora pertenecía al pasado.

Él se sentía muy contento de ver sus frutos y se decía, a sí mismo: *"Eduardo valió la pena tu trabajo duro, tus tristezas, tus experiencias negativas, tu constancia y dedicación. Todo esto es necesario, es un proceso y lecciones que debía aprender en ese momento".*

Yo recuerdo que tenía entre 11 y 12 años, cuando mi tío Eduardo llegaba cada Navidad con las maletas llenas, cargadas de regalos para todos nosotros sus sobrinos. Era maravilloso compartir la alegría y el gozo con la presencia de él en nuestra casa. Él era como "Papa Noel" para nosotros, cada año todos lo esperábamos siempre con mucha alegría e ilusión porque él se hospedaba en nuestra casa. Allí estaba él siempre bien vestido, impecable, elegante siempre con una sonrisa en sus labios, disfrutando vernos abrir los regalos que nos traía. Mis hermanos y mis padres disfrutábamos de su estadía con nosotros. Yo era una niña, pero podía ver la diferencia entre él y los demás, su actitud positiva, su cuidado personal, su seguridad en sí mismo, su generosidad y todo lo que había logrado hacer desde que salió de su natal Tabernas. Todo esto me impresionó e inspiró y esa imagen quedó adherida en mi mente.

Recuerdo mucho que yo me decía a mí misma, cuando yo sea grande quiero ser como él. Muchas veces mi tío hablaba con nosotros y nos inculcaba siempre que estudiemos mucho para ser mejores, y que no deberíamos desistir tan fácilmente sin antes intentar varias veces. Veo vívidamente la hermosa experiencia, que tuve recibiendo por primera vez en mi vida una prenda de oro que tío Eduardo me regaló cuando yo cumplí 15 años, fue una cadena muy bonita con la medalla de Jesús, que hasta hoy día todavía la conservo, fue una experiencia estupenda, inolvidable.

SUS LOGROS ADQUIRIDOS PERSONALES Y PROFESIONALES

Después de este gran logro, él continúo estudiando, ahora quería hacer la carrera de "Contador Público" y para esto tenía que ir a la Universidad, se presentó a la Universidad Nacional Mayor de San Marcos a la que ingreso sin ningún problema. Continuó estudiando y trabajando hasta que terminó su carrera y se graduó en el año 1967. En este momento de su vida, se sentía satisfecho del esfuerzo hecho porque valió la pena, desde este momento trabajó muy bien en muchas otras Compañías como: Exportación e Importación Moisés Barak S.A. una gran empresa donde trabajó como Contador Público y fue muy querido y considerado por sus superiores, tanto que el dueño de esta compañía el Señor: Nuchin Golergant, fue su Padrino de Matrimonio. Se casó el 1ro., de Julio del año 1972, y tiene una familia hermosa, dos hijos excelentes y profesionales. Él trabajó aquí más de 10 años, pero por motivos financieros la compañía se vio obligada a cerrar y ésta fue la razón por la que mi tío dejo de trabajar en esta empresa.

Era tan conocido y apreciado por los dueños y superiores en esta Compañía que antes de que él dejara esta Empresa, fue llamado por uno de los Accionistas de la Compañía de Ingeniería Textil Peruana S.A. quién resultó ser el hijo del accionista principal de la anterior empresa donde mi tío trabajó. Así fue como sucedían las cosas positivas para él, era como que todo estaba sincronizado. Éste nuevo personaje conocía de cerca el trabajo excelente que mi tío había hecho en la Compañía anterior así que de inmediato le ofrecieron la posición y continúo trabajando aquí varios años, siempre dando lo mejor de él, hasta que se le presentó la gran oportunidad de dar un paso más alto en su Carrera profesional de obtener un mejor trabajo con una mejor posición, esta fue en una Corporación más solvente, de buena reputación y una de las mejores en el mercado. Esta empresa fue Corporación Rey Sociedad Anónima. Él trabajó aquí desde 1979 hasta que se jubiló en el año 2005. Dedicó 26 años de su vida en esta corporación, desempeñando el cargo de Gerente de Administración y Finanzas.

Él narra con mucha alegría, orgullo y satisfacción que ésta fue una experiencia inolvidable, porque experimento y aplicó todas sus habilidades como profesional y sus dones como ser humano, fue muy querido por los dueños y el personal, fue tan querido y considerado en todas las fases que experimentó, como profesional y como persona, en su recorrido como Gerente, consejero, asesor, amigo, compañero de trabajo etc., que después de jubilarse le ofrecieron una posición como "Asesor" para trabajar medio tiempo. Esta nueva oportunidad de seguir sirviendo profesionalmente fue recibida con mucho halago y agradecimiento de parte de mi tío Eduardo.

Él se siente complacido de su vida, agradecido y bendecido de todo lo que hizo en los buenos y en los no muy buenos momentos y cree firmemente que Dios lo ha guiado y protegido siempre en todo su camino. Él se considera un hombre con mucha fe, y siente mucho agradecimiento de todas las personas que participaron de una u otra manera en su vida, especialmente a las que aparecieron justo en el momento preciso, cuando más lo necesitaba.

En una conversación muy profunda que tuve con mi tío en el año 2019, pude percibir que la visión que él tiene de la fe es la que yo también profeso.

La vida es un continuo y eterno aprendizaje, todos somos eternos estudiantes, ya sea que estemos conscientes de ello o no. Solo hay un maestro, la vida. Todos los aspectos de ésta están interrelacionados e interconectados, son inseparables, ya que son la Vida Única y estamos aquí para vivirla. Cuando verdaderamente la amamos, estamos del lado de ella, entonces estamos de parte de todos y respetamos a todos sin siquiera intentarlo. Su enseñanza es mediante la experiencia y no siempre llega en palabras.

Lecciones aprendidas de la historia de mi Tío

- Ten confianza en tus habilidades y da lo mejor de ti.

- Nunca pierdas tu sentido de superación.

- Sé consistente y disciplinado, obtendrás los resultados que deseas.

- No te rindas fácilmente, sigue enfocado en tu sueño, se puede hacer realidad.

- No pierdas la fe, aliméntala cada día, porque solo la fe hace las cosas posibles.

Capítulo 2
Evidencia científica sobre el
poder de la fe

Considero que la palabra Fe existe desde el comienzo de la creación del hombre y recuerdo haber escuchado este término desde que yo tenía uso de razón porque esta palabra fue parte del vocabulario en el hogar donde fui criada. La "fe" tiene muchos puntos comunes en casi todas las religiones existentes. La palabra Fe proviene del latín fides, que significa seguridad o confianza en una persona, cosa, deidad, opinión, doctrinas o enseñanzas de una religión. Es la confirmación de un hecho, confianza en el dicho o en el hecho de una persona, seguridad de las cualidades de ésta.

Según el diccionario de la Real Academia Española define la fe como: Conjunto de creencias de una religión, conjunto de creencias de alguien, de un grupo o de una multitud de personas, convicción, seguridad que tiene una persona de la verdad que piensa y siente. También la considera como la creencia personal en la existencia de un ser superior (un-Dios o varios Dioses) que implican el seguimiento de un conjunto de principios religiosos, de normas de comportamiento social o individual y una determinada actitud vital, puesto que la persona considera esa creencia, como un aspecto esencial de la vida.

Por otro lado, el termino fe está relacionado al documento legal que acredita o certifica la verdad de algo. Por ejemplo; fe de bautismo, fe de vida, fe de declaración de datos, entre otros.

Considero importante tener también conocimiento del significado real de la Fe expresada en la Biblia, y ésta dice en hebreos 11:1 "Es, pues, la Fe la certeza de lo que se espera, la convicción de lo que no se ve".

Esta se considera la definición bíblica más precisa de la "Fe" El significado bíblico es certeza. Una certeza inmovible de que aquello que se espera, lo que se cree, es verdadero, cierto, e incuestionable.

La Biblia dice algo más acerca de la fe. Nos da a entender como una creencia o convicción con la idea complementaria de confianza. La fe no es una simple postura intelectual, sino una creencia que conduce a la acción. Como dice en Santiago 2:26: "Pues, como el cuerpo sin el espíritu está muerto, así también la fe sin obras está muerta. Santiago habla de demostrar su fe por sus obras. Casi siempre, lo que hacemos dice más sobre lo que creemos que lo que decimos.

Después de tomar en cuenta éstos dos puntos importantes del significado de la fe de acuerdo con el diccionario y a la biblia, yo deseo expresar con certeza lo que la "Fe" significa para mí.

Para mí Fe significa seguir la guía de mi poderoso corazón y alinear mis pensamientos con la esencia divina que soy. Hacer mi trabajo interno de la misma manera que me comprometo con mi trabajo en el mundo. Soy guiada por la sabiduría de mi corazón para ser un canal de bien en el mundo. Para mí la Fe expande mi conciencia para reconocer la presencia del Espíritu en cada persona, lugar y circunstancia. Esta me recuerda confiar en mis habilidades y creer en mí misma, sabiendo que estoy siempre apoyada por la divinidad.

Demuestro y practico mi fe o confianza a través de mis acciones, palabras y pensamientos primero conmigo misma y luego con los demás. Respondo al llamado de mi corazón y percibo en el interior de mi ser, como ayudar y servir dando lo mejor de mí. Siento que mi fe me alienta a lograr mis sueños y metas. Puedo afirmar que muchas veces no tengo control sobre lo que sucede a mi alrededor, pero sé que puedo elegir lo que sucede en mi interior, mi auténtico SER, mi percepción determina mi experiencia.

Me considero una mujer con convicción. En mi opinión, convicción es la creencia fuerte y firme en algo o en alguien. La convicción tiene que ver con la noción de creencia, de certeza y de aceptación hacia algo, a alguien o algún fenómeno que pueda estar a nuestro alcance o no. La convicción es algo que proviene de mi interior, en muchos casos se entiende como una sensación que no se puede explicar pero que tiene que ver con estar seguro, de tener la certeza sobre tal o cual cosa.

TRANSICIÓN DE LA FE A LA ESPIRITUALIDAD

"Ser espiritual no tiene nada que ver con lo que crees
y todo lo que tenga que ver con tu estado de conciencia"
Eckhart Tolle

En el proceso de transición, a continuación, deseo hacer una breve referencia sobre la fe y la espiritualidad que creo es muy importante estar claro en estos dos puntos relevantes en nuestra vida humana. Fe y espiritualidad no son lo mismo, pero se complementan una a la otra. Es necesario cultivar nuestra fe ya que esta se basa en la confianza y se fortalece en la experiencia y está abierta al conocimiento al considerar todas las cosas como provenientes del ser supremo.

Lo que sí es claro es que la dimensión espiritual es auténticamente humana, es una vida interior algo que no es mente y cuerpo sino espíritu. Es un proceso mediante el cual las personas encontramos trascendencia, un sentido final a la vida, a nuestro "Ser Interior". La espiritualidad es la evolución de todo ser humano. Somos conscientes de que somos, pero no sabemos quiénes somos, entonces esta búsqueda de lo que somos constituye el núcleo de nuestra espiritualidad. Es así que espiritualidad es el despertar de conciencia.

La espiritualidad es del todo una experiencia personal y estable, que se encuentra en lo profundo de uno mismo, y que guarda relación con el conocimiento y comprensión de que hay una realidad superior, que supone una fuerza elevada del bien que trae el bien a todos, siempre.

Encontramos espiritualidad en nuestra literatura, en la música, en el arte e incluso en algunos trabajos y estudios de la ciencia. Podemos decir que repercute en la forma de pensar, sentir, comportarse y amar. Nos sentimos bien con nosotros mismos y somos uno con la Naturaleza y con el Todo.

La espiritualidad da libertad a todo tipo de creencias y pensamientos, está más allá de la vida y la muerte. Hay muchas religiones en el mundo, pero solo hay una espiritualidad, esto es incorporar el mundo del espíritu en la vida propia, experimentando primero para luego demostrarlo. Por lo general sucede que cuando tenemos situaciones adversas, retos o problemas de carácter muy fuerte, estos nos impulsan a buscar un camino espiritual y entonces es aquí cuando tomamos una decisión y nos comprometemos con nosotros mismos con Dios y con los demás. Es este compromiso personal que nos lleva a cambiar las situaciones que nos impiden ser uno mismo. Quizás buscamos ser más amorosos, más justos, ser más pacientes y tener más libertad, soltando todos los bloqueos que nos atan.

Un aspecto de la espiritualidad es abrir nuestro corazón y esto requiere practica y disciplina para poder progresar. Por otro lado, la fe juega un papel esencial en nuestro crecimiento espiritual pero tampoco ocupa mucho o poco de nuestro entendimiento. Si nuestra concepción de crecimiento espiritual no es nada más que esfuerzo propio o personal, no experimentaremos transformación de vida porque estaremos obviando el ingrediente esencial de la fe en el poder divino o en Dios.

La persona espiritual sabe que hay más por entender que la razón lógica; en efecto sabe que el verdadero entendimiento va más allá de la lógica y la razón dentro de la profunda verdad de lo desconocido. La espiritualidad es un camino para tratar la insatisfacción humana, ya que supone buscar experiencias que hagan que nuestra vida personal tome sentido, buscando alternativas para llenar el vacío interno y contribuir así a nuestra felicidad.

La espiritualidad se alimenta de la confianza y la fe, entonces está claro que la fe tiene mucha importancia en el camino espiritual. La fe nos ayuda a entender nuestra situación, a soportar nuestro dolor, a perdonar a los que nos hacen daño, a mermar la angustia, como también en nuestro camino espiritual que nos permite acercarnos a lo más íntimo de nuestro ser, a lo transcendental.

Todos aquellos que prestan atención a su voz interior, que sienten la curiosidad a razonar, sobre todo, a cuestionar todo, que aprenden de sus errores, que buscan lo sagrado en todos los libros y descubren y sienten la paz interior, entonces pueden estar seguros de que están en el camino espiritual. La espiritualidad es la causa de la Unión y se alimenta de la confianza y la fe, es vivir en la conciencia y vivir el presente aquí y ahora. La espiritualidad es encontrar a Dios en nuestro interior durante toda nuestra vida. La espiritualidad es todo y, por tanto, es Dios.

CREANDO VÍNCULOS ENTRE LA CIENCIA
Y LA RELIGIÓN

Con el propósito continuo de seguir trabajando y colaborando para llegar a un entendimiento más claro respecto a la relación que hay entre ciencia y religión, muchos científicos continúan con sus trabajos de investigación, descubriendo cada vez más pruebas, y declarando al mundo la existencia de la fe, como lo demuestra la Doctora Gail H. Ironson, M.D., PhD,[2] Psicóloga y científica y que actualmente sus áreas de enfoque incluyen examinar los factores psicológicos positivos y la salud especialmente la espiritualidad y el trauma. Es una de las investigadoras principales del estudio nacional Templeton Landmark[3] sobre espiritualidad y salud y acaba de completar otro estudio sobre el tratamiento del trauma en hombres con riesgo de contraer el VIH. (Virus de inmunodeficiencia humana, virus causante del sida).

La Fe tiene poder e incrementa la buena salud. Sabemos que cada creencia espiritual afirma que la Fe obra milagros grandiosos, pero para las personas que todavía no se han convencido de esto y tienen dudas al respecto, deseo anunciarles que en el tiempo actual que vivimos, la ciencia ya lo confirma; esto es una referencia científica.

Recientemente, la Dra. Ironson junto a su equipo de colaboradores, realizó este estudio de investigación que se hizo con un grupo de 100 pacientes con VIH examinando la relación entre los cambios en la espiritualidad y la religiosidad antes y después del diagnóstico, monitoreándolos cada seis meses por

---

2 Doctora Gail H. Ironson, M.D., PhD., Es Psiquiatra Certificada por la Junta de Psiquiatría, Profesora de Psicología y Científica, de la "Universidad de Miami", Miami, FL. USA.

3 **Templeton Foundation** es una fundación familiar privada de filantropía establecida por el fallecido filántropo **Sir John Templeton**. Su misión es abordar grandes preguntas y fomentar el dialogo entre la ciencia y la religión a través de subsidios, premios y publicaciones de libros.

un período de 4 años. Ella descubrió, que los pacientes que practicaban con intensidad la espiritualidad se encontraban en excelente estado de salud, produciendo una progresión más lenta de la enfermedad (VIH).

Sorprendida por este fenómeno, la doctora decidió investigar más profundamente la relación entre Fe y Salud. Su estudio se centró en dos indicadores claves: las células que propagan el virus y las que lo inmunizan.

Sus resultados revelaron que quienes se vuelven espirituales durante la enfermedad tienen menos células con virus y más de las inmunes, comparado con los que rechazaron cualquier creencia religiosa o espiritual. De hecho, quienes dejaban de ser religiosos o espirituales después del diagnóstico perdían sus células inmunes 4.5 veces más rápido que los pacientes que practicaban su Fe.

El propósito de este estudio fue determinar hasta qué punto los cambios en la espiritualidad y la religiosidad ocurren después del diagnóstico del VIH y si los cambios predicen la progresión de la enfermedad.

Ella concluye afirmando que existe un aumento de espiritualidad y religiosidad después del diagnóstico de VIH, y este aumento predice progresiones más lentas de la enfermedad; el personal médico debe ser consciente de esta importancia potencial.

La Dra. Gail H. Ironson, continúa trabajando en sus estudios de investigación y tiene muchos trabajos realizados por ella misma como recientemente demostró que cuando otras personas cercanas, como la pareja o familiares, enfocan sus pensamientos positivos en oraciones en sus seres queridos, estos tienen el poder de afectarlos positivamente ya que en poco tiempo empiezan a tener efecto como lo que se demuestra con el estudio: se incrementa el flujo sanguíneo y la respiración del paciente.

Estudios como estos demuestran que la mejor herramienta para afrontar no solo una enfermedad, sino cualquier problema sin solución aparente es ¡Tener fe!

MÁS PRUEBAS CIENTÍFICAS ACERCA DE LA FE

> *"El conocimiento científico complementa la fe en Dios, en lugar de contradecirla.".*
> Francis Collins.

Sabemos que desde la antigüedad siempre ha habido discrepancias entre la ciencia y la religión, cada uno mantiene su punto de vista basado en sus creencias, y en lo que van descubriendo en sus trabajos de investigación, pero ahora en este siglo XXI hay una apertura más amplia al diálogo entre estas dos posturas.

Si revisamos la historia encontramos un gran número de científicos que confirmaron la existencia de Dios y que, con sus descubrimientos y afirmaciones, revolucionaron al mundo en su época. Actualmente las posibilidades son más pronunciadas por científicos que consideran abrir diálogos para crear un puente entre la ciencia y la religión y están abiertos a tener conversaciones especialmente con personajes espirituales como Dalai Lama, Papa Francisco, Deepak Chopra, Desmond Tutu y muchos otros.

Para mencionar a algunos está el Neurocientífico Richard Davidson y el Psicólogo y Periodista Daniel Goleman, quienes tienen conversaciones y diálogos continuos con Dalai Lama como parte de la Cumbre de ciencia y sabiduría de emociones organizada por el Instituto de Mente y Vida, el cual fue creado en 1987 en una reunión de tres visionarios Tenzin Gyatso, el 14th Dalai Lama, el Líder Espiritual del pueblo tibetano y defensor global de la compasión; Francisco Varela, científico y filósofo; y Adam Engle, abogado y emprendedor. La misión de ellos es unir la ciencia y la sabiduría contemplativa para fomentar la comprensión e inspirar la acción hacia el florecimiento.

Su Santidad[4] Dalai Lama es uno de los colaboradores más activos en una serie de diálogos con científicos, organizados desde el año 1987 por el Instituto Mente & Vida. Estos diálogos se siguen celebrando, en torno a temas que van de la física cuántica y la cosmología hasta la compasión y las emociones destructivas.

Dalai Lama expresa que actualmente se nos presenta una ocasión valiosa de avanzar en esta área, gracias a una colaboración entre la religión y la ciencia. Esta es una tendencia muy saludable de querer escuchar y entender los dos puntos de vista y revelar la existencia de la fe.

Quizás los científicos usen diferentes términos como energía, o un campo magnético, o también una especie de imán, como Bruce H. Lipton, notable Biólogo americano y Greg Braden Geólogo de informática y escritor de nueva era, también americano, lo expresan.

Otro científico es Francis Collins, quien tiene afinidad con la visión ecológica del Papa Francisco y afirma que él coincide totalmente con la visión ecológica del Papa Francisco en la encíclica *Laudato Si*'[5] que significa Alabado seas, enraizada en el Evangelio de la creación.

---

4 Su Santidad es un tratamiento honorífico protocolario dado a los líderes de ciertos grupos religiosos. También se utiliza en referencia a varios Patriarcas cristianos y católicos.

5 *Laudato Si*' es la frase inicial del cántico de las criaturas de san Francisco de Asís. San Francisco es el patrón de la ecología

Collins dijo: Aunque no podamos probar la existencia de Dios a través de la ciencia, hay ciertamente aspectos de lo que aprendemos estudiando la naturaleza que parecen pedir una explicación.

La ciencia señala el hecho de que hay un "Creador que tiene una inteligencia increíble, que es un físico y un matemático extraordinario, pero que también ha dejado todo tipo de señales de que el creador está interesado en nosotros y en conocernos.

UNA REVELACIÓN MÁS ACERCA DE LA CIENCIA Y LA RELIGIÓN

Muchos otros científicos se atreven a afirmar que sí hay evidencias sobre la fe porque ellos lo experimentaron en sus propias experiencias de vida como pasó con Francis S. Collins,[6] un científico estadounidense, genetista, médico, físico, químico y autor, conocido por sus descubrimientos de genes causantes de enfermedades y por haber dirigido el Proyecto Genoma Humano. Collins busca aportar su credibilidad en los círculos científicos y espirituales para lograr un balance armonioso entre ciencia y fe. Collins, es un científico con credenciales impecables y un cristiano devoto, entra en el plano donde estos dos campos se interponen con sus discrepancias.

El confiesa que el descubrimiento del genoma humano le permitió vislumbrar el trabajo de Dios. Reivindica que, según él, hay bases racionales para un creador y que los descubrimientos científicos llevan al hombre más cerca de Dios. Su propio sistema de creencias es la evolución teísta[7] o creación evolutiva,

---

6 Collins es fundador de la Fundación Bió-logos, de la que forman parte un equipo de científicos que creen en Dios y se han comprometido a promover una perspectiva de los orígenes de la vida que es a la vez teológica y científicamente sólida. La fundación promueva la búsqueda de la verdad en los campos natural y espiritual y buscan la armonía entre estas dos perspectivas.

7 Teísta – Creencia de la existencia de un-Dios o más Dioses

en la que Dios es el actor que desencadena la evolución, con una especie de primer motor; que prefiere llamar biólogos. Él explica que cuando da un gran paso adelante en el avance científico es un momento de alegría intelectual; pero también es un momento donde siente cercanía con el creador en el sentido de estar percibiendo algo que ningún ser humano sabio lo percibió antes, pero que Dios si conocía desde siempre.

Sus padres eran graduados de la universidad de Yale, que buscaron un estilo de vida agrícola en una granja sin uso de maquinaria. Fue educado en casa en un lugar sin agua y con muy pocas comodidades físicas, y él adoraba su educación por la notable cultura de ideas creadas por sus padres. Él dice: "Aquellos primeros años me confirieron el regalo invaluable del gozo de aprender".

Los padres de Collins eran indiferentes a la fe y nunca recibió instrucción religiosa, por lo tanto, pensó muy poco en las preguntas espirituales y se describió asimismo como un agnóstico escéptico en su temprana adultez.

Un cambio ocurrió en el viaje espiritual de Collins cuando estudiaba en la escuela de medicina, y se encontró con pacientes cuya fe les daba tranquilidad y paz durante el terrible sufrimiento que estaban experimentando. Esto lo hizo despertar y preguntarse si las creencias podían tener una base racional y examinar las religiones del mundo. Así comenzó su investigación, y estuvo muy influenciado por C.S. Lewis un escritor británico y teólogo laico, quién afirmó que sostener la moralidad como una realidad objetiva en lugar de meramente una construcción humana requiere postular un-Ser que defina el bien y el mal. Este argumento moral a favor de la existencia de Dios y a favor de la fe, convenció a Collins a continuar compartiendo sobre su creencia racional.

La explicación alternativa para las condiciones improbables que hacen posible la vida inteligente es que, en vez de ocurrir por casualidad, reflejan la acción de Aquel que creo el universo. Collins propone un marco para la reconciliación entre la ciencia y la religión. Su trabajo de investigación intenso fue primero revisar lo que la astrofísica, el registro geológico y fósil y el estudio del material genético entre especies tienen que decir sobre el asunto de los orígenes. Y concluye que la evidencia revela abrumadoramente un universo de miles de millones de años y que la evolución a través de la selección natural es el generador crucial de la diversidad y complejidad de la vida.

Este relato científico moderno de los orígenes es compatible con la creencia de Dios y la narrativa bíblica. Al examinar la historia de la creación de Génesis, argumenta que el texto tiene la intención de impartir verdades en lugar de proporcionar una historia natural.

Collins señala a la evolución teísta como una explicación que reconcilia la fe y la ciencia.

Es un punto de vista adoptado por los científicos más serios de todas las tradiciones religiosas e incluye a algunos de sus seguidores como Asa Gray, el principal defensor de Darwin en los Estados Unidos, y al papa Juan Pablo II. La evolución teísta sostiene que Dios usó el elegante mecanismo de la evolución para crear toda la vida, incluidos los seres humanos.

MÁS TESTIMONIOS ACERCA DE LA FE

Continuamos con otro personaje importante revelando evidencias sobre la fe en su propia experiencia de vida. Ella es la científica **MARIA MITCHELL**, quién fue la primera astrónoma de Estados Unidos y la primera mujer elegida por la Academia Estadounidense de Artes y Ciencias, en 1848. Ejerció como profesora de astronomía y fue una activista de los derechos de la mujer.

La astrónoma tenía una fe firme y plena tanto en Dios como en la ciencia. Ella escribió lo siguiente:

"Las investigaciones científicas avanzan y revelarán nuevas formas en las que Dios trabaja y nos trae revelaciones más profundas de lo desconocido".

Ella creía que las revelaciones de la biblia y la comprensión de la naturaleza a través de la ciencia no están en conflicto. "Si parecen estarlo" -dijo-, "es porque no se comprende ni lo uno o lo otro".

LA IMPORTANCIA DE LA FE

Los relatos y pasajes en los libros sagrados muestran que muchos personajes de aquellas épocas cimentaron una base en este principio para enfrentar sus contratiempos y adversidades, ellos confiaron y creyeron en Dios o ese Ser supremo en quién creían para lograr ver aquello que los demás pasaron inadvertido. La fe es creer, es el pilar para lograr nuestros propósitos, sin embargo, muchas veces la confundimos con el deseo, lo sorprendente es que el deseo es solo un anhelo o una ilusión y viene de la pretensión que queremos, pero lo que emana de la confianza de que, lo que obtendremos será lo mejor, aun cuando no es lo que pedimos, esa es Fe.

La fe nace de mí, nace de ti, y de todos los demás, y se identifica con la confianza, también tiene que ver con todo lo que nos rodea, con las personas que encontramos en nuestro viaje de vida, es esperar lo mejor de los demás, es creer en la lealtad, creer en amar a tu hermano, es creer que la otra persona proporciona u ofrece la misma confianza para tener un mismo propósito.

La fe juega un papel importantísimo en nuestras vidas. Como seres humanos que somos, nos hemos convertido en personas rodeadas de gente con las que creamos barreras para no exponer nuestras emociones. En muchos casos no creemos si no vemos, no confiamos si no tenemos antecedentes, no entendemos si no hay una respuesta lógica.

Vivimos en un mundo con mayor urgencia, más apresurada con noticias alarmantes, con una tecnología que avanza a pasos agigantados, una sociedad llena de sucesos negativos y alarmantes donde reina la desconfianza. Es por este motivo que cada ser humano recurre a la fe. No es necesario hacer distinciones entre religiones, porque cada una de ellas da a la fe un lugar central a la hora de formar la identidad del creyente.

En mi experiencia de vida la fe juega un papel importante es necesario comprender que la fe es un valor primordial en la vida humana, y no solo en relación con los sistemas de creencias religiosos. La fe también se comprende como la confianza que se deposita en algo o en alguien para que se haga digno de esa fe. Es así como por medio de la fe o confianza el ser humano establece relaciones con otros, sea que se trate de una entidad superior o de otros seres humanos. La fe es lo que permite a un individuo confiar en otros y en sí mismos.

La fe es un valor y una actitud que es necesaria para poder llevar la magia de la vida de un modo más sensato y con mayor fortaleza. Este valor de la fe nos ayuda a sobrellevar mejor las diferentes situaciones y eventos en la vida. Existe en el mundo, la necesidad de creer en algo y encontrar respuestas. La realidad nos demuestra que el ser humano, es un ser pensante, y se plantea preguntas, cuestiona su vida y desea encontrar respuestas incluso allí donde sabe que nunca las podrá tener.

La fe y la esperanza son dos formas que ha encontrado el ser humano para tener respuestas con las que se sienta cómodo, que le sean creíbles y accesibles como para poder tolerar aquellas cosas que son dolorosas, inexplicables, y repentinas.

LOS BENEFICIOS DE TENER FE

- Yo vivo la fe porque creo firmemente en mi capacidad para la esperanza, la seguridad y la fortaleza según emprendo mi viaje hacia la fe. Mi fe ilumina mi sendero y guía mi camino

- La fe me da seguridad de que la divinidad que mora en mí me ayudará a lograr lo que me proponga.

- Con fe creo mi vida de nuevo, una y otra vez.

- Creo en mí, sé que tengo una contribución que hacer al mundo y con fe puedo hacer lo mejor de mi vida.

- Mi fe es el canal por medio del cual puedo ver claramente al mundo y reconocer mi lugar y propósito en él.

- Tengo fe en que el orden divino está obrando siempre, siento menos ansiedad y más paz.

- Alineo mi fe con mis acciones diarias, esto mantiene mi atención centrada en mi camino.

- Mi fe me invita a creer en lo desconocido y en lo que no veo.

- Ten fe en la verdad, no razones demasiado, pero avanza con ímpetu, certeza y valentía.

En general casi todos los seres humanos creemos tener fe, pero cuando los problemas nos abruman nos derriban, es cuando más cuestionamos la presencia de Dios por todo lo que nos pasa, en este momento es cuando cuestionamos la confianza en él o en aquellos que nos rodean, cuando vemos que las situaciones comienzan a complicarse y entonces dudamos de las decisiones que hemos tomado y las que hemos dejado pasar; en estos momentos de reflexión, esta virtud, la fe debería convertirse en nuestra práctica diaria, nuestra fortaleza.

Yo creo que lo más importante es creer en uno mismo, de escuchar esa voz interna que nos guía a tomar algunos caminos, de ese fulgor susceptible que te empuja a creer en las decisiones tanto buenas como no muy buenas y tengamos confianza. Transformémonos en personas que asumen responsabilidades, en personas que creen en lo bueno que existe en cada ser humano, en personas guiadas por la justicia, en personas declarando la verdad, pero sobre todo teniendo mucha fe.

CAPÍTULO 3
SOY UNA MUJER CON CONVICCIÓN

"Las oportunidades para encontrar los poderes
más profundos dentro de nosotros mismos
vienen cuando la vida parece más desafiante.
Joseph Campbell"

F ue una mañana de otoño del año 2003, cuando recibí una carta por correo del Departamento de Patología del Hospital donde me atendía, con los resultados de la biopsia de Tiroides, que me habían hecho en mi última visita. Normalmente hago mi examen físico cada año. Estaba tranquila en ese momento y procedí a abrir el sobre para ver los resultados. Comencé a leer la carta y conforme la leía, el contenido de esta fue afectando mi tranquilidad y poco a poco comencé a sentir una sensación de miedo, sentía el latido de mi corazón acelerarse y al mismo tiempo sentía que lo que me estaba pasando en este momento era injusto.

Lo primero que me pregunté fue: ¿Por qué a mí? ¡No! Me parecía mentira lo que estaba leyendo, porque el diagnóstico fue que tenía Cáncer en la glándula tiroides y además tenía hipertensión, esto significaba que la tiroides estaba produciendo más hormonas de la que mi cuerpo necesitaba, ahora entendía claramente la fatiga y caída de pelo que estaba experimentando en este tiempo; finalmente en el último párrafo indicaba que llamara inmediatamente e hiciera una cita para la cirugía inmediata, con un signo de exclamación de Urgente.

Realmente fue una noticia muy dura para mí, y el llanto broto inmediatamente, lloré y lloré por no sé cuánto tiempo, no sabía qué hacer, estaba como en shock porque pensaba que esto era lo último para mí, pero luego de un momento, me fui tranquilizando y me dije a mi misma, está bien, lo que necesitas hacer es tener una segunda opinión, no puedes aceptar todo lo que dice la carta, es mejor tener una o dos opiniones con médicos especialistas en Tiroides, como un Endocrinólogo.

Ahora tenía que averiguar, preguntar y buscar a un buen médico que vea mi caso. El problema era que no conocía a nadie y lo único que tenía a la mano era buscar en la lista de médicos que la compañía de seguro médico me había proporcionado en la empresa donde trabajaba en ese entonces. Guardé la carta, puse ese pensamiento en mi mente, buscar al médico correcto en esa lista y traté de no pensar, pero nuestra mente no descansa y por más que trataba de evitar pensar en esto, los pensamientos negativos venían a mi mente una y otra vez, recordándome lo que estaba sintiendo. Yo me he considero una mujer muy positiva y con mucha fe, entonces era precisamente este momento donde tenía que estar firme en esto y comencé a buscar nuevas formas de ver la situación con más optimismo y pensar que todo está bien. Pensé en mi familia que está lejos de mí, y no podía salir corriendo y contarles lo que me estaba pasando y lo que estaba sintiendo, esto me ponía muy triste, pero al mismo tiempo no quería preocuparlos con mis problemas, porque consideraba que ellos tienen bastante con sus propias situaciones y conflictos con los que tienen que lidiar cada día.

Por fin después de hacerme tantas preguntas, de analizar mejor las opciones que podría tener y en medio de una serie de sentimientos cruzados y tristezas entrelazadas al mismo tiempo me quede dormida gracias a Dios. Al segundo día, por supuesto tenía que ir a trabajar, el mundo sigue su curso normal, nada se detiene aun cuando estemos experimentando la situación, o adversidad más dura, todo sigue su ritmo normal, porque la vida no se detiene, es infinita.

Yo iba a trabajar, tratando de expresar y mostrar a los demás que todo estaba bien conmigo, poniendo mi mejor expresión, tratando de sonreír como siempre lo hacía, pero yo sabía que mi actitud había cambiado, estaba más callada, casi no hablaba con mis compañeras de trabajo, estaba muy sensible, bastaba que alguien me preguntara como estaba, que yo inmediatamente sentía deseos de llorar.

El día transcurrió muy ocupado como siempre y lo único que deseaba es que sea la hora para salir y regresar a casa. En un momento inesperado sentí la voz de mi intuición, diciéndome, sería bueno que hables con uno de tus hermanos que es médico y con quién tienes más confianza para hablar sobre esto, y contarle lo que te está pasando y pedirle su consejo como médico. Algo que yo creo que me caracteriza de ser como soy, es que desde muy joven he sabido como escuchar a mi intuición y cuando recibo estas señales o mensajes, las sigo al pie de la letra, no tengo duda, simplemente lo hago porque confió que un poder divino me guía. Así fue, llamé a mi hermano a Perú, conversé con él largo rato, y me dio mucho ánimo, me contó algunos casos de amigos y de gente que él conoce que ha sido operada de tiroides y que viven y se sienten muy bien tomando su medicina y siguiendo un tratamiento por el resto de su vida.

Me explicó los pros y los contras de tener y no tener esta parte importante del cuerpo y me aconsejó tener una segunda opinión tal como yo había pensado. Después de hablar con él y escuchar todos sus consejos y el aliento que me dio, me sentía mucho mejor, más tranquila, esto fue como recibir un bálsamo de esperanza, para que pueda tomar la mejor decisión, me sentí mucho más calmada, más serena.

En la oficina, donde trabajaba, yo le había contado a una de mis mejores amigas lo que me estaba pasando, porque ella había notado cambios en mí y también me había preguntado sobre esto. Le pedí por favor que no dijera nada a mi Gerente sobre esto. En ese tiempo yo trabajaba en una compañía de Tarjetas de Crédito, en el departamento de cuentas de colección de deudas y este trabajo era muy estresante, duro, donde había reglas estrictas que cumplir y tenía que estar conectada al teléfono casi las 8 horas de trabajo con solo treinta (30) minutos de tiempo para almorzar.

Ellos controlaban nuestro tiempo al minuto. Todo esto afectaba más mi estado emocional, físico y anímico. Y para completar el cuadro, mi Gerente era una persona exigente y no tenía paciencia. Recuerdo una mañana que yo estaba en el teléfono con un cliente, y de repente, me di cuenta de que mi Gerente se acercaba a mí y muy suavemente me indicó que desconectara el teléfono y que la viera en su oficina.

Yo inmediatamente pensé, ella sabe lo que yo temía que se enterara y que alguien le había dicho algo al respecto y por supuesto mis ojos se llenaron de lágrimas porque sentía que ella iba a hablarme sobre mi problema. Fui a su oficina y allí estaba ella, quién me recibió con una tierna sonrisa y me habló muy suavemente para hacerme saber que ella estaba conmigo y que entendía como yo me sentía y sobre todo entendía la razón por la cual mi rendimiento había bajado y me ofreció su apoyo y ayuda en cualquier cosa que necesitara para mi tratamiento.

Verdaderamente esto fue una tremenda sorpresa, y al mismo tiempo una bendición, ella era otra persona, me sentí muy sorprendida por la forma en que mi Gerente me hablo y me trato, en este momento que yo necesitaba de alguien que me entendiera y me dé su apoyo moral, y por otro lado estaba tan agradecida a Dios que esto pasara, porque confiaba que Él estaba allí en la persona de mi Gerente, transformándola en un Ángel maravilloso amorosa y consciente.

Realmente necesitaba mi trabajo, ahora más que nunca para poder cubrir los gastos médicos que necesitaría en esta situación. Entonces, luego de este evento la noticia se expandió entre mis compañeras y superiores, fue más fácil para mi poder hablar al respecto. Ese mismo día otra Gerente vino a verme y me refirió a su médico endocrinólogo que era muy bueno. Me proporcionó toda su información para que pueda sacar una consulta y poder tener la segunda opinión que yo había decidido hacer antes de tomar cualquier decisión prematura al respecto. Fueron varios intentos de llamar para hacer una cita porque este médico es una persona muy ocupada y tiene siempre una agenda saturada y claro me tomo más tiempo del que pensé tener la cita con él, lo bueno fue que logré hacerlo.

Yo creo firmemente que todos los seres humanos tenemos esa chispa divina de Dios en nosotros y que él está presente en todo instante, en todas las situaciones y circunstancias de nuestra vida. Yo solo pedía a Dios que me guiara y me pusiera en el camino perfecto, con las personas perfectas, finalmente logre tener la cita con este Doctor.

Cuando fui a la consulta con el Endocrinólogo, fue excelente, la forma como me atendió y la atención que puso en mí como paciente, estoy segura que Dios me puso en manos de este especialista, alguien con quién yo me sentí segura, tranquila y confiada, este médico tuvo la paciencia de examinarme primero minuciosamente y luego de explicarme con detalle las funciones de la tiroides en nuestro organismo, las ventajas de tenerla y las desventajas de no tenerla y todo el proceso de la cirugía, en el caso de que yo decidiera operarme.

Él contestó todas mis preguntas y al final él me recomendó que procediera con la cirugía, que todo saldría bien. Realmente me dio mucha confianza y muchas cosas que me dijo coincidían con lo que mi hermano, me había dicho cuando hablé con él.

Después de nuestra conversación yo decidí operarme y finalmente le pedí por favor que me recomendara un buen cirujano oncólogo que tuviera experiencia en estas cirugías, quizás alguno de sus amigos o colegas, porque yo no conocía a nadie. El doctor me refirió a uno de sus colegas, que según él era muy bueno y tiene mucha experiencia. Pasaron unos segundos cuando el doctor dijo, déjame llamarlo ahora mismo, en unos segundos ellos estaban hablando, le comento sobre mí caso, y de inmediato le mando los resultados del patólogo, así fue como obtuve la cita para esa misma semana. Cuando salí del consultorio, me sentí mucho mejor, me sentía protegida, era una sensación muy especial, sabía que Dios estaba allí conmigo.

Algo muy especial me paso en uno de estos días, en los que estaba tratando de seguir con mi vida normal. Al mismo tiempo que trabajaba en el Departamento de Colecciones, tenía otro trabajo de medio tiempo, durante los fines de semana, como Instructora de Español en uno de los institutos de idiomas de mucho prestigio aquí en Atlanta. El Centro de Idiomas Berlitz. Algunas de mis compañeras sabían de mi caso, pero no los instructores.

Una mañana llegué temprano, veinte minutos antes de la hora de mi clase y por esas cosas que solo Dios hace posible, una de las instructoras que yo apreciaba mucho estaba allí también, ella se acercó a mí para saludarme, y solo me abrazó muy fuerte y me dio un regalo, diciéndome: "amiga, que este pequeño obsequio que te doy ahora te ayude mucho a superar lo que estás viviendo, de la misma forma que me ayudó a mí en los momentos más difíciles de mi vida". Fue un momento muy especial y profundo en que no pude evitar el llanto, lo más maravilloso fue que sus palabras llegaron a lo más profundo de mí ser y sentí que Dios estaba allí conmigo y que no debía temer, Dios tiene el poder y control de todo en nuestras vidas.

Cuando abrí el regalo vi que era el libro de Louis L. Hay *Tú Puedes Sanar Tu Vida*. Este fue el primer libro que llegó a mis manos en un momento de reto con mi salud. Comencé a leerlo, casi de inmediato, después que llegó a mis manos y tomé la determinación que yo estaba bien, que me sanaba milagrosamente, leía y leía una y otra vez, hacia los ejercicios y aprendí a meditar, me siento profundamente agradecida por este regalo maravilloso que llegó a mi vida en el momento y lugar precisos.

Mientras tanto seguía con los planes que había decidido y ahora tenía mi consulta con el Oncólogo, y estuve lista para la fecha de mi cita, me sentía muy tranquila y había puesto todo en manos de Dios, porque él nos conoce mejor que nadie y quiere siempre lo mejor para cada uno de nosotros sus hijos más preciados.

Recuerdo que llegué al consultorio y luego de unos minutos la enfermera me hizo pasar. En cuanto entre al consultorio del doctor, sentí una tranquilidad hermosa, el lugar era acogedor, relajado, parecía que había una presencia divina, y cuando entró el doctor, fue mucho mejor, él es una persona mayor, relajado e inspiraba confianza con una sonrisa agradable me saludó e hizo un comentario que su colega me había referido y que se sentía contento de asistirme.

El doctor leyó la carta donde indicaban el diagnóstico, también vio el resultado de los análisis que me habían hecho, me hizo algunas preguntas, y luego procedió a examinarme, muy minuciosamente en diferentes posiciones. Después de esto me hizo una ecografía para mostrarme donde estaba el tumor y estar seguro de que todo estaba claro respecto al tumor. Mientras el doctor me examinaba mi pensamiento estaba puesto en Dios, yo sabía que el guiaba las manos del médico y sentía que estaba en las manos perfectas. Luego de un buen rato el doctor terminó de examinarme y muy gentilmente me dijo: Yo prefiero esperar para la cirugía, pero antes deseo hacerte una segunda biopsia aquí en mi consultorio, hay algo que no me convence del todo, y voy a programarla para hacerla en 3 meses y la enfermera me dio la cita para el 18 de diciembre, lo recuerdo perfectamente.

Cuando él dijo esto, yo mentalmente solo expresé mi agradecimiento a Dios, y dije gracias, Dios, gracias. Cuando salí de allí sentí algo diferente, era una sensación de alegría y alivio al mismo tiempo que jamás había sentido, sentía una sensación maravillosa en mi pecho y cuando caminaba me daba la impresión de que caminaba en el aire, es como si mis ángeles me levantaban en el aire, entré en mi auto, me senté un momento para respirar y seguir sintiendo esa presencia divina de paz, era como que estaba en otra dimensión, fue un momento magnífico que no encuentro palabras para describirlo. En unos segundos regresé de ese estado donde estuve y me di cuenta de que estaba en la tierra sentada en mi auto y que ahora debía conducir, encendí mi auto y manejé contenta y confiada que todo estaba bien.

Seguí leyendo el libro y haciendo mis ejercicios que allí recomendaban porque encontraba varios pasajes que me llegaban profundamente a mi persona, como que algunos párrafos estaban escritos precisamente para mí, investigué un poco más con otros libros sobre medicina natural. Como hispana que soy creo mucho en la medicina natural, porque mi madre nos curaba cuando éramos pequeños solo con hierbas y remedios caseros. Encontré que comer ciertas vegetales crudos y extractos de frutas y vegetales ayudan a curar y mantener una buena salud, decidí cambiar mis hábitos alimenticios, y comencé a tomar los extractos de vegetales y frutas, leí mucho sobre las propiedades nutritivas de estos. Poco a poco me iba sintiendo mejor, estaba segura de que mis células se curaban y renovaban por sí solas, porque nuestro cuerpo tiene todas las habilidades de crear la medicina que nuestro cuerpo necesita para estar saludables y sanos. Note que la caída del pelo comenzó a disminuir y no me sentía tan cansada como antes, que sin hacer nada estaba completamente agotada, sin fuerzas.

El 18 de diciembre fui a mi consulta con el Oncólogo para hacerme la segunda biopsia. Todo estaba dispuesto y listo para la intervención, el doctor procedió a hacerme un examen físico; este fue diferente, tomo más tiempo de lo normal y podía observar las expresiones en la cara del doctor, como preguntándose, pero ¿qué paso aquí?

Durante todo este tiempo que duro el examen, quizás 20 a 25 minutos por lo menos porque tomaba intervalos mientras lo hacía, yo estaba muy relajada y confiada que todo estaba bien, estaba serena porque sentía la presencia de Dios conmigo.

El doctor terminó y me dijo Vilma, creo que estas curada no puedo sentir o palpar el tumor, no lo siento, parece como que éste se ha reducido, vamos a suspender la biopsia por ahora creo que no es necesaria.

Cuando escuché las palabras del doctor me invadió una alegría inmensa y sentí el deseo de decirle lo que estaba haciendo, así que procedí a decirle que todo este tiempo he cambiado mis hábitos de alimentación, que estoy comiendo vegetales crudos y tomando extractos de fruta y vegetales, que mi dieta es diferente ahora, y lo más importante que he puesto todo en las manos de Dios, porque tengo mi Fe firme en Él, Dios es mi todo.

El doctor respondió con una sonrisa amable, amorosa, y me dijo: excelente, me gusta eso, continúa haciendo lo que crees, me parece muy bueno, estoy impresionado, luego prosiguió dándome algunas explicaciones sobre los tipos de tumores y el material o contenido de estos y prosiguió haciéndome una última ecografía para estar seguro de que no hay nada más que interfiera.

Me mostró que el tumor se había reducido tanto que no se veía como en la primera ecografía. Luego de una pausa el Doctor dijo: Yo te veré en 6 meses, para hacer un seguimiento y ver como sigues evolucionando. También ordenó análisis para ver cómo estaba respondiendo la condición del hipertiroidismo de la tiroides.

Esto fue extraordinario, estaba feliz, la sensación de bienestar no cabía en mí ser, salí del consultorio feliz, agradecida a Dios por este milagro maravilloso que solo Dios puede hacer.

Desde ese momento hacía mis chequeos religiosamente cada seis meses, y los resultados de los análisis salían negativos, mi tiroides estaba funcionando perfectamente y no había ninguna señal de hipertiroidismo. Luego, los chequeos eran cada año, y después cada dos años y todos los resultados han sido, son y serán siempre perfectos. Gracias a este doctor que Dios puso en mi camino en el momento y lugar perfectos. Soy sana por derecho de nacimiento divino y no fue necesario hacer una cirugía.

Han pasado diecisiete años después de esta situación en mi salud que yo considero una situación bendecida porque los resultados fueron mucho mejor de lo que yo hubiera pensado y confirmo una y otra vez que cuando estamos de la mano de Dios no hay nada imposible, ni nada que temer. "Con Dios todo es posible".

Cada año hago mi examen físico reglamentario, y los resultados de los análisis, son siempre hermosos, perfectos en el rango perfecto, todo funciona en perfecta orden y funcionamiento biológico en concordancia con el orden divino.

Muchos otros eventos de reto he experimentado en mi vida personal, que muchas veces me he sentido atrapada sin poder ver la salida, sin saber que hacer o adonde acudir. Sin embargo, en el momento menos esperado, cuando he estado experimentando lo más difícil y duro de esa situación o de ese suceso doloroso apareció la solución precisa. Muchas veces mejor de lo que esperaba, y en otras, fue extraordinaria, que solo la presencia de ese Ser Divino que sabemos que existe y que está presente en nuestras vidas lo puede todo, pero esto, solo sucede en el momento y lugar preciso en el tiempo de Dios, no en el nuestro. Por lo tanto, puedes ver allí, delante de tus ojos la transformación positiva con resultados asombrosos.

Deseo mencionar algo que me ayuda mucho a manejar experiencias o episodios como este en mi vida y es que mi positividad es un testimonio de mi fe, de mi inquebrantable convicción de que Dios es bueno, todo el tiempo.

Tener una actitud positiva, quizás no solucione todos los problemas, pero definitivamente hace que cualquier problema o situación sea una experiencia más agradable, mucho mejor de sobrellevar. De acuerdo a mi experiencia los problemas que he enfrentado se han reducido, se han hecho más pequeños cuando he tenido una actitud positiva.

Estoy convencida que muchos de los seres en el mundo entero tenemos un propósito y una misión, en este hermoso Planeta Tierra donde vivimos pero que por alguna razón que desconozco solo un porcentaje reducido del número global de la población en el mundo ha encontrado su propósito de vida.

Sucede muy frecuentemente y quizás alguno de ustedes conoce casos de personas que han encontrado o descubierto su propósito después de haber experimentado un suceso drástico o un evento adverso en la vida, pudo ser en un accidente aéreo, automovilístico, en una tormenta severa o haciendo algún deporte riesgoso, como esquí acuático, escalar una montaña, por ejemplo, el Everest etc. de los cuales han sobrevivido a pesar de las adversidades, superando todo pronóstico proyectado. Sabemos que en alguno de estos casos solo fue una persona quien sobrevivió estas circunstancias.

Ellos mismos expresan que no saben explicar cómo pasaron estos eventos, dicen que no hay explicación de cómo sucedió pero que saben que hubo una presencia mágica sobrenatural, una mano poderosa que los salvo, muchos sintieron o vieron algo hermoso en el momento que sucedió. Estoy de acuerdo con ellos y me identifico con lo que expresan cuando les sucedió, porque yo he experimentado lo mismo en muchas de mis experiencias de vida que ahora comparto con ustedes.

A continuación, deseo compartir algunas frases célebres relacionadas con "La Fe". Estoy segura de que muchos de ustedes han leído, escuchado o saben de las confesiones celebres de Fe que grandes personalidades y científicos han experimentado y por lo tanto lo han escrito, quedando plasmadas en sus notas, libros y escritos y continúan asombrando al mundo después de Miles de años, porque realmente lo vivieron en carne propia. Que mejor evidencia que ésta. Está claro que para ellos fue la FE: la certeza de lo que se espera, la convicción de lo que no se ve.

- **Johannes Kepler 1571 – 1630**
  Uno de los más grandes Astrónomos, de nacionalidad alemana, y también fue un gran matemático y astrólogo. Él dijo "Dios es grande, grande es su poder, infinita

su sabiduría. Alábenle, cielos y tierra, sol, luna y estrellas con su propio lenguaje. ¡Mi señor y mi creador! La magnificencia de tus obras quisiera yo anunciarla a los hombres en la medida en que mi limitada inteligencia puede comprenderla"

- **Isaac Newton 1643 – 1727**
  Físico, astrónomo y matemático, Fundador de la Física Teórica Clásica
  El expreso lo siguiente" "Lo que sabemos es una gota, lo que ignoramos un inmenso océano. La admirable disposición y armonía del universo, no ha podido sino salir del Plan de un Ser Omnisciente y Omnipotente"

- **Carl Linnaeus 1707 – 1778**
  Fundador de la Botánica Sistemática, **él** dijo: "He visto pasar de cerca al Dios eterno, infinito, omnisciente y me he postrado de hinojos en adoración"

- **Alessandro Volta 1745 – 1827**
  Físico Italiano - Descubrió las nociones básicas de la electricidad. Y **él** dijo: "Yo confieso la Fe Santa, Apostólica, católica y Romana. Doy gracias a Dios que me ha concedido esta Fe, en la que tengo el firme propósito de vivir y de morir.

- **Augustin Louis Canchy 1789 – 1857**
  Matemático, Ingeniero y Físico Frances. Él dijo: Soy cristiano, o sea, creo en la Divinidad de Cristo, como todos los grandes astrónomos y todos los grandes matemáticos del pasado.

- **Albert Einstein 1879 – 1955**
  Fundador de la física contemporánea – Teoría de la Relatividad, Premio Nobel 1921. Einstein dijo: "Todo aquel que está seriamente comprometido con el cultivo

de la ciencia, llega a convencerse de que en todas las leyes del universo esta manifiesto un espíritu infinitamente superior al hombre, y ante el cual, nosotros con nuestros poderes debemos sentirnos humildes"

- **Erwin Schrodinger 1887 – 1961**
  Australiano – Irlandés Físico
  Creador de la Mecánica Ondulatoria – Premio Nobel en Física
  El expreso: "La obra maestra más fina es la hecha por Dios, según los principios de la mecánica cuántica"

SEGUNDA PARTE
MI DESPERTAR

Capítulo 4
Las señales y los signos de mi despertar espiritual

Mi verdadero despertar comenzó en un momento crucial de mi vida, cuando estuve viviendo y experimentando muchos eventos y situaciones adversas en muchos aspectos de mi vida, que involucraron mi salud, mis finanzas, mi familia, mi trabajo, mis relaciones personales y muchos otros.

En ese tiempo estaba tan sumergida en el trabajo y mis obligaciones personales, que no disponía de tiempo para salir, para hacer amigos, o hacer otra actividad, y mucho menos darme tiempo para mi persona. Estaba dedicada a mi trabajo porque este trabajo al cual me refiero era realmente mi negocio, mi empresa que había creado e iniciado juntamente con mi mejor amigo como socio, trabajando más de las horas reglamentarias, poniendo todo mi tiempo, mis ahorros, mis habilidades, conocimiento y haciendo todo lo que yo creía necesario, con el único propósito de construir mi negocio y crecer. Sin ser consciente muchas veces de mi tiempo, ni de mi propia persona, mis funciones fueron incrementándose, haciendo de todo un poco, desde vendedora, hasta contadora, llevando las finanzas y mucho más.

Desafortunadamente mi negocio fracasó y definitivamente esto afecto más mi estado físico, mental y emocional.

En este tiempo yo estaba viviendo cien por ciento en mi mente, escuchando y haciendo lo que mi ego quería que haga, sin pensar más allá de la caja cuadrada que veía frente a mí, o sea actuando inconscientemente. Cuando se vive dentro de esta caja cerrada herméticamente, no hay salida, así es, simplemente ¡No Hay Salida! No vemos más allá de nuestra frente.

El estrés, las preocupaciones, la incertidumbre y todos los problemas que se derivaron de toda esta situación apremiante en ese tiempo que tuve mi negocio ente el 2001 al 2003, algo estaba afectando mi salud sin que yo lo supiera. Llegó el momento que tomé la decisión de cerrar mi negocio por completo, porque nuevos eventos surgían encima de los anteriores y que todavía no se habían solucionado. Fueron tiempos muy duros que he afrontado sola, porque mi familia está muy lejos de aquí.

Fue después de unos meses de vivir este tiempo adverso, que sorpresivamente fui diagnosticada con cáncer en la glándula tiroides. Esta noticia fue devastadora para mí, porque no estaba preparada para aceptar tan fácilmente la idea de vivir sin la tiroides, un órgano que es primordial en la vida de todo ser humano, pero considero que al mismo tiempo fue la bendición más grande que viví, porque fue gracias a este episodio en mi vida que comenzó mi despertar, el proceso de mi transformación interior. Fue aquí cuando experimenté momentos dolorosos, estando en el ojo del huracán como se dice cuando uno vive un episodio difícil. Mi mente se abrió y comencé a dar mis primeros pasos en darme cuenta más profundamente de lo que me estaba pasando internamente. Fue como si mi campo mental se abriera dando un vuelco, para ver con claridad. Cuando miles de preguntas bombardeaban mi mente por respuestas se despertó la curiosidad en mí de saber más y más de mi ser y tomar conciencia de mí misma.

Supe que tenía un trabajo interno y profundo que hacer. Así fue como tome la decisión de conocerme y saber más de mi verdadera identidad. Comencé a revisar en mi mente los pensamientos que estaban dirigiendo mi vida, para luego ir directamente a la raíz de estos. Descubrí sentimientos de culpabilidad, de miedo, desilusiones, vergüenza, duda, deshonestidad, frustración, impaciencia y una combinación de muchas otras emociones. Me cuestione preguntándome una y otra vez si lo que estaba experimentando, yo lo había creado, o había algo más que debía descubrir en mí misma.

De esta manera comencé a descender en las aguas agitadas de mi alma, ayudándome con leer material acerca de cómo superar sentimientos de dolor y culpabilidad, exploré escritos del inconsciente, lo desconocido, libros sobre crecimiento personal, charlas y seminarios relacionados con temas de ayuda espiritual. Pero sabía que esto no era suficiente, me di cuenta de que tenía que estar dispuesta a sentir el dolor que tenía. Tuve la oportunidad de hacer muchas sesiones individuales de sanación del niño interno, también conocida como terapia regresiva del niño interior, con amigos ministeriales y con personas profesionales a quienes estoy agradecida por su guía, su apoyo emocional y espiritual. Fui a mi interior y entregué mis deseos y anhelos a la Divinidad de Dios, el Cristo morador. Seguí haciendo mi trabajo interior y sentía que algo más era necesario para encontrar la paz interior.

Mi despertar fue comenzar a aprender a ser más consciente, esto significaba que debía ser consciente de mis propios pensamientos, emociones, recuerdos, acciones y sensaciones internas en el momento presente. Puedo comparar la conciencia con olas del mar, porque estas están en constante cambio, lo mismo es mi conciencia, cambia constantemente de acuerdo con el vaivén de mis pensamientos y experiencias del mundo que me rodean. O sea, que mis pensamientos van y vienen constantemente en mí; y sucede lo mismo en cada uno de ustedes también. Si bien es cierto que algunas de estas acciones o emociones me parecían estar fuera de mi control, el primer paso importante que debía tomar era ser consciente de que todo esto estaba pasando, solo sucedía en mi propio mundo.

Ahora lo sé, no puedo cambiar si no hay conciencia. He aprendido a comprender y reflexionar sobre una situación, persona, o sentimiento con honestidad y curiosidad, entonces puedo ver que surge un nuevo nivel de conciencia, esto me transforma. Seguiré trabajando en mi desarrollo de conciencia por el resto de mi vida. Aprendí que lo primero es darme cuenta de lo que está pasando en mí, y mi entorno, entonces comprendo mi nueva conciencia, viendo que esto es parte del proceso del despertar y me prepara para poder cambiar los antiguos conceptos, memorias y energías negativas, llegando a tener una comprensión más clara y completa de quien soy en un nivel más profundo. Luego me acepto en ese momento sin resistencia porque así sabré que estoy alineada con mi mente, cuerpo y emociones, así reconozco donde estoy en ese momento. No es hasta que paso por el proceso de reconocer y aceptar que puedo ir al siguiente paso que es la acción.

Me encantan las frases profundas de sabiduría de Albert Einstein, una de las cuales deseo mencionar aquí: "Nada ocurre hasta que algo se mueve" Yo lo entiendo que, si paso el proceso de comprensión y reflexión de la situación, persona o emoción, sin resistencia, puedo poner la acción correcta, también he aprendido a cambiar la palabra pensar por "sentir" porque esta abre elementos en mi consciencia e inconsciencia que es mi capacidad humana como individuo que no haya utilizado antes. Sentir es mi sistema de guía.

Este fue el tiempo perfecto para mi despertar espiritual, justamente en este Siglo XXI que es considerado como el siglo de la espiritualidad, por los expertos, por el deseo latente que hay en la humanidad del despertar de conciencia. Este fenómeno no es nuevo, pero si puedo decir que está creciendo grandemente en el mundo, puedo ver más y más seres despertando a la espiritualidad. Lo veo cada día en mi propia experiencia, con mis amigos, en las calles, en los supermercados, en los hospitales, con mis estudiantes, en todo lugar, donde me encuentro o interactúo con gente común y corriente. De repente hay alguien que me cuenta algo maravilloso que pasó o que está pasando en su vida. Otros relatan los resultados positivos de un asunto legal complicado que llevaba tiempo y en un momento dado apareció algo que fue la clave perfecta para dar un buen resultado beneficioso para todos los involucrados.

Puedo ver soluciones y resultados perfectos en situaciones y casos de retos muy profundos que solo es posible con la presencia de Dios. Estar alerta a las señales y signos en nuestras vidas, es importante. Lo que estás leyendo en este libro, La vida es un milagro, es el resultado de este despertar, cuando sentí ese llamado hermoso de que era tiempo de que escribiera este libro. De escuchar a mi corazón y tener un pequeño dialogo, que me parece escucharlo nuevamente, nítido armonioso y me siento profundamente agradecida y bendecida por haber descubierto este don, el de saber escuchar a mi intuición, es un regalo divino.

Es de nuestro conocimiento que, en el plano físico, nuestro planeta tierra comenzó su propio despertar espiritual hace mucho tiempo atrás, pero nosotros como seres humanos vamos despacio con un poco de retraso en comparación con la naturaleza. El tiempo que estamos viviendo actualmente en el mundo, puede parecernos que es caótico, cuando vemos un incremento en los acontecimientos en muchos casos, eventos majestuosos, positivos, negativos y otros devastadores, pero la verdad es que es un hecho del desarrollo adecuado del proceso y es normal por así decirlo que las cosas se empeoran antes de que mejoren. Claro que esto no es una coincidencia, porque ya sabemos que no existe, solo existe la sincronización.

Lo mismo sucede con nosotros cuando iniciamos el camino del despertar espiritual, como he descrito mi experiencia personal que, esto no es tan fácil ni tampoco todo es color de rosa. El despertar espiritual es un proceso por el cual cambiamos nuestra perspectiva y podemos ver al mundo y a nosotros mismos a través de un cristal infinito. Nuestros sentidos se expanden y podemos ver el panorama completo, entendiendo que cada uno de nosotros somos una pequeña parte del plan grandioso y de todo el plan al mismo tiempo. Es el proceso en el cual pasamos de un ambiente basado en el miedo a otro basado en el amor.

Veo un incremento de personas que descubren sus dones como videntes, clarividentes, otras con habilidades intuitivas, y muchos otros con dones de sanadores descubriendo y cultivando esa energía en potencia que somos. Este último de descubrir el don de sanadora, fue algo maravilloso que descubrí, el saber que tengo el potencial de cultivar esa energía fue uno de mis mejores signos de mi despertar.

En el 2008, tuve la suerte de asistir a un retiro de tres días con el Doctor Zhi Gang Sha, que se realizó en Hillside Chapel & Truth Center Atlanta Ga., patrocinado por la líder espiritual de ese entonces en el Centro Espiritual donde continúo asistiendo a la fecha.

El Doctor Sha es un importante maestro. Uno de los mejores, sanadores e inspiradores y un maestro de muchas disciplinas antiguas y tuve el honor de recibir simbólicamente la unción o el sello de purificación e iluminación de mis errores en la palma de mis manos (así es como lo llaman los maestros sanadores) directamente de las manos de él. El Doctor Sha es uno de los más poderosos sanadores de nuestro tiempo.

Fue una experiencia extraordinaria, actualmente formo parte del grupo de Sanación en el centro espiritual donde asisto. Esto es simplemente divino.

Tú puedes ser uno de ellos, solo observa, se paciente y confía en tu "Ser Supremo", "Tu Yo Interno" y puedes ver, sentir, intuir las señales o signos de saber que eres parte de este despertar espiritual.

A continuación, comparto con ustedes algunas señales que he descubierto y he vivido, cuando comencé a darme cuenta de que había comenzado mi despertar espiritual. Esto es algo que está constantemente presente al alcance de todos los seres humanos, no solamente para mí y continuare despertando y creciendo en el camino espiritual que he elegido, el cual no tiene un tiempo determinado, esto continua por siempre.

Comencé a sentir un deseo muy fuerte de encontrarme a mí misma, de cambiar el grupo social, de cambiar algunos comportamientos, de cambiar mi trabajo y mucho más. Curiosamente percibía lo mismo en el mundo. En otros momentos percibía algo como avisos de darme cuenta de los patrones que se repetían una y otra vez con las relaciones en mi entorno.

Muchas veces notaba una incapacidad de tolerar a alguien con quien había tenido una relación cercana anteriormente, podía ser una vieja amiga, un familiar, un compañero de trabajo etc. Algo muy interesante fueron mis experiencias inesperadas, como una tos repentina constante o ansiedad que ocurrían en cualquier momento sin tener una razón válida, sintiendo que algo debería cambiar en mí.

Yo soy una persona con mucha energía, pero observe un cambio repentino de los niveles de energía. Sentía como la necesidad de descansar y dormir por más tiempo de lo normal. Me pasó varias veces y uno de los que más recuerdo fue cuando tuve el llamado de escribir mi libro, en plena mañana sintiendo la presencia de alguien hablándome, fue como un susurro tenue y pausado; pero no había nadie en casa, estaba sola, y en otro momento repentinamente no podía dormir, experimente insomnio cuando normalmente solía dormir muy bien y tenía sueño profundo.

Otra señal que experimente fue quedarme profundamente dormida y de repente me despertaba en medio de la noche, sintiendo muchos deseos de despertar con la necesidad de levantarte, y no sentía cansancio el próximo día. Esto fue una señal clarísima de saber que mi conciencia se estaba adaptando al nuevo ciclo de actividad.

Las señales pueden ser muy extrañas a veces, una muy rara que sentí fue cuando un día que caminaba por el sendero del río Chattahoochee, porque me encanta hacer ejercicios y estar en contacto con la naturaleza, sentí repentinamente una energía no muy usual, fue una energía eléctrica que paso levemente por algunas partes de mi cuerpo, exactamente por mis piernas y manos, por un momento dejé de caminar y recordé que era solo una señal de mi apertura a la conciencia. Los expertos dicen que esto es causado por el aumento de las frecuencias del centro de la galaxia cubriendo la tierra. Estas energías ayudan en el proceso de irrigar lo físico y la luz del cuerpo para traer altas energías vibratorias.

En algunos momentos, sentí deseos repentinos muy fuertes de comer o beber algo que no había comido por años o desde que era una niña. Entiendo que todas estas señales y signos mostrados en mi despertar me ayudaron a eliminar memorias de traumas guardados en mi subconsciente o también conectarme con memorias placenteras que crearon un cambio momentáneo en mi conciencia para permitir una liberación que tendrá lugar en un momento dado. Yo lo entiendo como una preparación para lo que experimentaré más adelante en mi camino de vida.

Quiero mencionar aquí que, si alguno de ustedes desea vivir plenamente, pero todavía sigue en la búsqueda o espera de ese camino, de esas instrucciones o de esa guía que necesitas para ayudarte a lograr tu deseo, yo puedo decirte sinceramente que lo primero que debes hacer es tener la voluntad de dejar ir o soltar viejos patrones de comportamiento que tenemos guardados en nuestro subconsciente y se repiten en nuestra vida; estos son los obstáculos para seguir adelante en nuestro camino de crecimiento.

Se que estoy en mi camino del despertar espiritual porque estoy viviendo completamente diferente que antes, mi compromiso personal es seguir aprendiendo a ser más consciente. Puedo decir, por ejemplo, que he dejado de comprar cosas materiales, no tengo deseos, me encanta más la simplicidad de la vida, me siento más atraída a la lectura que expande mi mente, estoy leyendo varios libros ahora. Vivo dando más significado y propósito a lo que hago, expongo más mi verdadero yo al mundo, estoy más abierta a expresar mis pensamientos y sentimientos sin sentirme culpable; paso más tiempo sola en silencio, disfruto esta práctica caminando y estando en contacto con la naturaleza, me siento bien porque el silencio me ayuda a conectarme con la esencia divina y puedo hacer las paces conmigo misma, me alimento mejor, escogiendo alimentos sanos y cuido mejor de mi cuerpo y de mi mente, haciendo yoga, meditando, haciendo ejercicios físicos y cambiando mis hábitos de vida por otras más saludables.

Ya no tengo interés en el sentido de competencia, sino que disfruto y vivo lo que me gusta hacer sin competir con nadie; me enfoco más en el presente aquí y ahora porque sé que el pasado no existe y el futuro es un misterio. El presente alimenta el futuro, entonces el futuro es el hoy que estoy viviendo, construyendo y sintiendo.

Diferencia entre señales y signos

Estos términos que son muy usados en muchos aspectos de la vida humana, y por ende también en lo relacionado al despertar espiritual, tienden a confundirnos porque pensamos que son palabras sinónimas y que significan lo mismo, pero la verdad es que son distintos.

SEÑALES, son una especie de información, a veces con carácter imperativo como dándonos un aviso de que se debe o no se debe hacer algo. La palabra señal se emplea mucho en las Escrituras, como un recordatorio de algo importante, por ejemplo: Lucas 2:7-10. También se consideran acontecimientos que quieren dar testimonio de algo divino, por lo tanto, perceptible, que indica algo acerca de otro hecho que no es perceptible en ese momento. La señal es convencional. Es un hecho que se ha producido artificialmente para servir de indicio. Por ejemplo, la luz roja del semáforo da la señal que se debe hacer una parada. En otros aspectos las señales pueden ser un logotipo que presenta un producto comercial de cualquier tipo. Por ejemplo, una señal puesta en la playa de prohibir nadar en ese lugar; una señal en un restaurante de prohibir fumar y muchos otros.

Entonces las señales se pueden presentar por medio de un acontecimiento o evento en cualquier momento de tu vida, como un llamado o una alerta de que es momento de despertar, de avanzar, de terminar relaciones de todo tipo que no van acorde con tus sentimientos y la vida que estas viviendo, las que frenan tu avance, para dar pase al camino del amor.

Créeme, toda persona que se ha iniciado en el despertar puede confirmarte que al inicio no es fácil, requiere un verdadero esfuerzo dejar todo lo que no sirve o no es necesario en tu vida. Lo que sí es reconfortante son las personas que aparecerán en nuestro camino y guías divinos que nos ayudarán y acompañarán en el proceso, pero el esfuerzo y avance esta únicamente en ti.

A continuación, les dejo dos ejemplos de escritores relevantes que han dejado evidencia en sus frases expresando que siguieron las señales en sus vidas.

"Entonces lo entendí. Porque mi vida siempre ha sido así, ha estado llena de pequeñas señales que me vienen a buscar. "No te muevas" - *Margaret Mazzantini*

"Aprende a hacer caso de las señales que se encuentran en el camino. El código Da Vinci - *Dan Brown"*

SIGNOS, es todo aquello de carácter visual o auditivo, que representa o evoca otra cosa, esto es, algo que tenga significado para el emisor y el receptor. También se considera un objeto o un fenómeno que por una relación natural o convencional trasmite contenido significativo. En otros aspectos el signo es una representación gráfica, que puede ser entendida en cualquier idioma, ya que el idioma es universal.

Un signo puede ser una palabra, un número, una imagen, un signo de interrogación y otros. El signo permite deducir algo de lo que no se tiene un conocimiento directo. Existen signos verbales, no verbales, visuales, táctiles, y físicos. Puedo citar como ejemplos lo siguiente:

La imagen de una mariposa es un signo de transformación.

Una imagen de una calavera con una X en el centro es un signo de alerta- veneno.

El numero 7 es un signo de conexión interior, meditación y profundidad

De la misma manera los signos aparecen sorprendentemente cuando comenzamos nuestro despertar espiritual. Quizás una mañana te levantas con una sensación de conexión con la naturaleza que nunca lo habías sentido, este es un signo del despertar espiritual. La naturaleza nos habla y se comunica si escuchamos atentamente y así empezamos a comprender nuestra profunda relación con la naturaleza. Es así como dejamos el mundo material y nos conectamos con la energía divina, nuestro poder superior, Dios, el origen y la creación.

Fue mi mejor deseo considerar esta información dándoles esta aclaración acerca de estos dos términos para que puedan tener una idea más clara sobre la diferencia de estas dos palabras señales y signos.

CAPÍTULO 5
DESCUBRÍ MI PROPÓSITO DE VIDA

¡Lo más fascinante comenzó cuando descubrí mi propósito!

Creo firmemente que todos los seres humanos por naturaleza en este hermoso planeta tierra, tenemos un propósito y una misión al mismo tiempo porque venimos a este mundo dotados con talentos y habilidades, que son parte de nuestra identidad divina. Nacemos con estos regalos o dones que son únicos en cada uno de nosotros, para llevar a cabo nuestra misión en la vida y cumplir nuestro propósito. Pero algo muy importante, es que cada uno de nosotros tiene que hacer su trabajo para descubrirlo, no importa la edad, el grado de instrucción, el estado civil, el lugar donde vivas o cualquier otro factor, cualquier momento de nuestra vida es perfecto para descubrir nuestro propósito, exactamente como me pasó a mí. Esto sucedió aquí en este país donde vivo ahora, Estados Unidos.

Se estaba experimentando la crisis financiera del 2008 que fue la peor en la historia mundial, superando a la gran Depresión de los años treinta (30).

Recordé que cuando terminé la secundaria, mi madre siempre me decía que yo sería una maestra excelente, pero a mí no me gustaba escuchar esto, y le respondía siempre que esta profesión no me gustaba y no era para mí.

La razón era que tanto en el Perú como en casi todo Centro y Sur- América la profesión de ser maestro no era nada valiosa no se consideraba como una gran carrera y peor todavía que el gobierno no le daba la importancia que los maestros y personal docente se merecían.

La cruda realidad fue que esta profesión nunca ha sido bien remunerada ni considerada. En ese tiempo por los años setenta eran mal pagados, con salarios muy por debajo de cualquier otra profesión, no se reconocía su labor profesional, motivo por el cual las escuelas se cerraban y suspendían las clases por el tiempo que duraran las huelgas y sucedía muy seguido durante todo el año escolar.

Los maestros hacían estas huelgas y más huelgas para hacer reclamos relacionados con el aumento de sueldos que realmente eran reclamos justos al gobierno. Por otro lado, en mi familia vivíamos una experiencia muy cercana ya que mi querido padre trabajaba como docente en una escuela pública de varones. Muchas veces podía ver las frustraciones, preocupaciones y momentos estresante de mi padre y todos nosotros cuando las escuelas estaban en huelga y por supuesto no había pagos de remuneraciones para nadie cuando sucedían estas huelgas o paros como lo llamábamos.

Mirando en retrospectiva recuerdo muy bien que yo tenía inclinaciones naturales para dedicarme a la docencia porque desde muy joven me gustaba estar en contacto con la gente, con el público, siempre estaba en medio de mis, amigas, dándoles consejos, escuchándolas y lo pasaba super divertido con ellas, me hacían preguntas o pedían sugerencias, era algo que yo disfrutaba. Mis amigas me llamaban La Doctora Corazón, porque siempre estaba aconsejando o simplemente hablando con ellas sobre algún asunto personal; pero nunca pensé que debí estudiar Educación para hacer una carrera de maestra, quizás porque era muy joven y por la experiencia negativa que viví con relación a esta profesión.

Siempre me sentí atraída a conectarme con la gente, a comunicarme y participar en actividades donde estaba siempre rodeada de gente, ya sea para ayudar, dar consejos, o simplemente escuchar, entonces decidí escoger otra carrera y terminé estudiando "Relaciones Publicas y Comunicación".

Estaba claro que mi madre tenía razón, ella vio en mi ese talento o habilidad, por algo me llevó en su vientre hasta que naciera, la relación y conexión entre madre e hijo es muy profunda, ellas saben, presienten los deseos de sus hijos.

Casi siempre las respuestas están dentro de nosotros, pero no aflorarán a la superficie hasta que aprendamos a entrar a nuestro interior, y encontremos nuestra intuición, la voz divina de Dios, que nos habla constantemente pero que no la escuchamos porque estamos centrados y enfocados en la voz de la mente (la voz del Ego). Yo tuve que aprender a escuchar a mi niña interior. Recordé lo que amaba y disfrutaba hacer cuando era una niña, las memorias vinieron a mi cuando tenía 5 o 6 años que, aunque tenía a mis hermanos a veces jugaba sola. Mi mamá me llamaba y me preguntaba: "¿qué haces?, ¿con quién estás hablando?" y yo siempre respondía: "con mis juguetes y mis amiguitas imaginarias"; ahora estoy convencida que eran mis ángeles. Soy una persona que cree en los ángeles, y mi conexión con ellos es fácil, armoniosa y profunda.

Todos podemos recordar, es hermoso traerlo a nuestra memoria, esto me ayudó a descubrir lo que realmente deseaba hacer. Sé que mi corazón sabe y supo siempre cuál era mi verdadero propósito, solo que yo estaba completamente distraída en otras áreas tratando de complementar algo en mi vida que yo creía que era lo mejor para mí. Pero la verdad era otra, inconscientemente estaba obviando escuchar a mi corazón, negando así que la puerta de éste se abriera a mi verdadero Ser.

Partiendo de este punto importante mi trabajo fue descubrir mis talentos, y descubrir lo que quería, viendo que mi vida tiene sentido, que tengo una guía, y que estoy clara para seguir viviendo con dirección y saber con seguridad dónde pongo mi ancla. A veces me era difícil saber lo que realmente quería porque veía muy superficialmente lo que yo podía ser capaz de hacer en este mundo que yo he creado, pero que también todos hemos creado con la mente colectiva que somos.

Cuando hablé de mente colectiva, me referí a que nuestra mente se relaciona con la realidad más allá de nuestros propios cuerpos y por ende está en constante interacción con las mentes de todos los humanos. De manera no local. Esto quiere decir que mi mente puede estar influyendo en personas que se encuentran a kilómetros de distancia de mi e incluso que yo no conozco. A esta serie de interrelaciones que forman un campo de información y experiencias más grande y complejo que una mente individual se le llama "mente colectiva"[8].

El formar parte de una mente colectiva genera una fuerte influencia en nosotros, nuestra manera de pensar, sentir y actuar, conduciéndonos muchas veces a realizar estilos de vida guiados inconscientemente por dicho campo de información, más que por nuestra propia voluntad y elección consciente.

Mi trabajo fue aprender a descubrirlo, esto requirió de trabajo personal, solo yo sé qué me gusta hacer, qué me apasiona más que cualquier otra cosa, qué disfruto hacer, dónde puedo pasar horas y horas seguidas sin agotarme, sin cansarme o estresarme sino solo pasar buen tiempo, gozar y compartir dando amor a todos los que están a mi alrededor y a la humanidad entera.

Es importante considerar que mi propósito no solo se trata de mí, sino que involucra a mi familia, mis amigos y a toda la

---

8 Khalil Bascary- Activista y comunicador social argentino, creador de la disciplina CosmoSociología (Ciencia para transformar el mundo) que trata de comprender las leyes Universales y aplicarlas a nuestras vidas cotidianas y relaciones sociales. Experto en Leyes Universales. https://relacionescosmicas.wordpress.com/khalil-bascary-2/

humanidad. Esto me ayudó a abrir mi corazón y mi inspiración afloro mágicamente.

Algo que considero como la clave de todo esto, fue que cuando descubrí mi propósito estaba poniendo atención a lo que amaba hacer. Pensé en este momento en lo que más me gustaba hacer, en la actividad donde podía pasar horas sin darme cuenta del tiempo, sintiéndome bien, disfrutando y compartiendo con los demás, entonces a esto lo llamé "pasión". Este es un ingrediente único que llena mi vida de propósito y satisfacción, entonces ahora yo puedo unir lo que amo hacer, la pasión que pongo en lo que hago y el resultado de lo que hago ayuda a mejorar el mundo, ahora puedo decir que descubrí mi misión en la vida, cuando esto sucedió, le di propósito a mi vida.

Descubrí que mi propósito era enseñar, ser maestra. Cuando sabemos que camino tomar, es más fácil lograr lo que queremos. Pero antes de saber que camino vamos a tomar tenemos que estar seguros de cuáles son nuestras metas y aspiraciones.

Luego de esto me sucedieron una serie de eventos, indicándome que era el momento de cambiar el trabajo que venía haciendo por tanto tiempo y dar un giro completo a mi entorno. La primera señal que tuve fue cambiar y rediseñar mi resume por uno mejor resaltando toda mi experiencia en la parte de enseñanza, enfocándome solo en mis trabajos anteriores como educadora y otros en los que había tenido funciones relacionadas a la enseñanza. Muchas veces había realizado trabajos como dar charlas de prevención de suicidio por ejemplo en algunas escuelas públicas en otras posiciones había tenido la oportunidad de explicar algunos procedimientos o técnicas a empleados para atención al cliente y en otras como el centro de Idiomas Internacional donde había trabajado como instructora de español con estudiantes individuales y en grupo. Cuando realmente encontré mi propósito de vida, muchas puertas comenzaron a abrirse y las oportunidades afloraban en mi camino.

Es de esta manera que me inicie en la carrera de la educación trabajando en escuelas privadas, en una universidad importante y reconocida en Atlanta y muchas organizaciones sin fines de lucro que trabajan con programas de educación de los gobiernos estatales.

Antes de que sucediera todo este cambio y trabajo personal yo había escuchado una frase muy común que dice: ¡Yo no trabajo me pagan por hacer lo que amo hacer! Antes me sonaba muy raro, y realmente no lo creía, pero ahora que lo vivo en carne propia me suena fantástico, porque es verdad, puedo enseñar todo el día y no me canso al contrario me divierto, no solamente yo me divierto sino todos los que están a mi alrededor.

HAGO LO QUE AMO Y DISFRUTO

Esta oración completa pero simple, significa mucho para mí porque la vivo cada día y siento realmente que recibo un pago o compensación por algo que para mí no es un trabajo sino todo lo contario, es alegría, satisfacción, diversión, pasar buen tiempo con mis estudiantes, además desarrollo una relación amigable, honesta, amorosa con ellos, y tengo la oportunidad de conectarme más profundamente en muchos casos siendo parte de sus experiencias personales, que considero una bendición que pueda estar allí presente para darles una palabra, un consejo o una sugerencia. Todo esto hace que mi trabajo no sea una jornada dura o pesada sino suave, liviana divertida y el tiempo pasa tan rápido que muchas veces me piden cinco o diez minutos más para seguir respondiendo sus preguntas, inquietudes o curiosidades.

Nunca hubiera podido adivinar que todo era tan fácil y divertido y me pregunto ahora cómo fue que estuve trabajando en empresas de 8 a 10 horas diarias y en muchos casos, cuando la empresa requería de mi tiempo eran más horas sentada en un escritorio frente a una computadora, haciendo lo que los superiores en estas empresas me pedían hacer en un ambiente de demanda, competencia y estrés.

Creo que todo esto fue bueno, porque era lo que tenía que aprender para crecer y entender que soy un ser divino y mi única función es ser feliz.

Cualquier momento es bueno para comenzar a descubrir tu propósito de vida. Trabajar en lo que amamos hacer, es muy bueno, no solo para cada uno de nosotros sino para todos los que están a nuestro alrededor. Escuchar a mi corazón e incluir hábitos espirituales en mi vida, es como encuentro felicidad y balance en todo lo que hago.

Una respuesta que encontré fascinante y sencilla fue cuando leí el libro *El Cambio* (The Shift) del Dr. Wayne Dyer que dice:

"El auténtico objetivo de la vida es encontrar felicidad y llegar hasta un lugar en el que no estés siempre intentando llegar a otro lugar"

También considero una respuesta profunda la de Rumi, que dice: "Para descubrir el propósito de tu vida, tienes que dejarte llevar por la necesidad más fuerte, la necesidad de Amar". Si amas lo suficiente, seguramente cumplirás tu propósito en la Tierra.

Capítulo 6
Vivo el aquí y el ahora y aprendo de cada experiencia

"Date cuenta de que el momento presente es lo único que tienes.
Haz que el aquí y el ahora sea el principal enfoque en tu vida"
"Eckhart Tolle"

Desde que nacemos y arribamos a este planeta tierra, se inicia nuestra programación que abarca de cero hasta los siete años respectivamente, condicionándonos a vivir en el pasado o en el futuro, desconociendo completamente el presente.

Esto existe desde hace miles de años pasándose de generación a generación, vivimos preocupándonos del mañana, el más tarde sin tener la más mínima certeza de que esto sucederá o no. También vivimos recordando pasajes del pasado, recreando experiencias negativas o positivas, preguntándonos, o buscando interrogantes que debimos o no debimos hacerlo en ese tiempo, sin darnos cuenta de que el pasado ya no existe, esto terminó, se esfumó no volverá otra vez, y lo único que hacemos es hacernos daño, torturándonos, sin ninguna razón válida. Honestamente conozco un número muy reducido de personas que disfrutan y aman lo que hacen en el momento presente o sea vivir en el aquí y ahora.

He mencionado en el primer párrafo de este capítulo, el concepto acerca de la programación del ser humano, que quizás es nuevo para algunas personas y deseo dar más información al respecto.

Considero muy probable que en el tiempo actual que estamos viviendo, el siglo XXI, un gran número de personas tiene conocimiento acerca de la programación que todo ser humano sin excepción, incluida yo, experimenta desde el nacimiento hasta los siete años. Realmente esto no es nuevo, existen muchos estudios y trabajos de investigación hechos por psicólogos, psiquiatras, filósofos, biólogos, científicos especialistas en el estudio profundo de la evolución del ser humano, que afirman que el 95% de quiénes somos se estableció en los primeros siete años de nuestra vida.

Este conocimiento existe desde toda la existencia del hombre, tanto que el filósofo griego Aristóteles dijo una vez:" Dame un niño hasta que tenga siete años y te mostraré el hombre" Muchos nos hemos preguntado; ¿Cómo es que sucede esto? El científico y notable biólogo americano Bruce H. Lipton nos dice y afirma que estamos programados desde que nacemos hasta los siete años.

Nuestro cerebro graba estos programas que son enseñados principalmente por nuestros padres, la escuela y nuestra comunidad donde crecemos y estamos rodeados de muchos otros en el medio social. Durante este tiempo el cerebro del niño registra todas las experiencias, solo observamos y lo grabamos en nuestro subconsciente que luego será nuestra realidad en la vida adulta. Actuamos desde lo que tenemos programado, muchas cosas que están en nuestro subconsciente pueden ser buenas, positivas pero muchas otras no, por ejemplo, el tipo de reglas y normas sociales rígidas a las que nos adherimos.

Esto significa que donde sea que estés luchando en la vida, tratando de lograr algo que quieres ser, hacer o tener, tu subconsciente ha sido programado para no apoyar lo que estas deseando o persiguiendo. Cuando nos dijeron que la vida es muy dura y que había que trabajar mucho para lograr algo en la vida, o cuando nos llamaron inútil, estúpido o quizás nos dijeron que no valíamos nada.

Si fuiste programado con pensamientos de escasez y creencias de pobreza, por ejemplo: "el dinero no alcanza", "somos pobres", "el dinero es escaso", "no eres capaz", "eres un perdedor", "no eres merecedor", entonces puedes pasar el resto de tu vida tratando de ser rico y no lo lograrás porque tu subconsciente te recordará siempre que eres pobre.

La única forma de lograr ser rico es cuando cambies esa programación o pensamientos relacionados a la pobreza. En otras palabras, es necesario reprogramar esa programación inicial para descubrir y lograr nuestro mayor potencial. Esta programación que hemos sido sometidos en nuestra niñez es negativa y afirmativa por lo tanto puede estar causando dolor interno o éxito en nuestra vida actual.

El Dr. Bruce Lipton explica que, si es posible reprogramar estos programas, podemos aprender conscientemente leyendo libros nuevos, asistiendo a conferencias, tomar cursos de aprendizaje, pero lo más difícil es entrar en la mente subconsciente para realmente reconfigurar nuestros primeros siete años y la mentalidad que ese periodo grabó en nuestro cerebro.

Esto es un trabajo difícil pero no imposible. Para reprogramar es necesario la repetición de un nuevo pensamiento o forma de pensar. Esta forma de repetición cambiará la forma en que funciona tu subconsciente. Todavía no se ha descubierto una píldora mágica o una fórmula perfecta para hacer el cambio instantáneo, por lo tanto, se requiere mucho trabajo personal constancia y dedicación.

Ahora, sé que soy yo, la única que crea mi propia vida exactamente como cada ser humano en el mundo lo hace, ¿Cómo? Desde mi sistema de creencias, desde el programa que tengo guardado en mi subconsciente con mis pensamientos, palabras y acciones. Partiendo de este punto importante me preguntaba ¿Por Qué? Lo que sucedía era que no estaba consciente y actuaba automáticamente por inercia negando mis propias acciones.

Esta lección de aprender a vivir aquí y ahora es muy difícil, me costó mucho porque me era difícil darme cuenta de que mi vida real era la que yo tenía mientras estaba concentrada en otras cosas. Cuando logré aprender, muchos comportamientos cambiaron en mí.

He aprendido a tomar una pequeña pausa o hacer un espacio cuando estoy viviendo una situación adversa o en cualquier otra circunstancia en mi vida para reflexionar y tomar conciencia de lo que estoy sintiendo en ese preciso momento, para identificar cuál pensamiento he escogido y qué emoción estoy experimentando, qué es lo que me hace sentir tan mal que pareciera que no tengo salida, o que no encuentro una respuesta, o solución inmediata. Precisamente aquí en medio de la tormenta de mi experiencia que estoy viviendo es donde tengo que aplicar los principios que Jesús nos ha enseñado más de 2,000 años atrás, y que todos los seres humanos lo sabemos, pero solo en teoría, porque obviamos la parte fundamental la práctica.

Las enseñanzas primordiales y valiosas que Jesús enseñó a la humanidad para mejorar nuestra vida están latentes como: aprender a amar y poner el amor como centro de nuestras acciones. Teniendo como prioridad el amor a Dios y luego amando a nuestros semejantes. Que debemos aprender a perdonar todo y a todos, sin considerar la magnitud ni el tamaño de las heridas o agravios que nos hayan provocado. Vivir la regla de oro, durante su sermón del monte Jesús dijo:

"Así que todas las cosas que queráis que los hombres hagan con vosotros, así también haced vosotros con ellos" (Mateo 7:12).

En otras palabras, trata a otros de la manera que quieres que te traten. Nos enseñó a tener fe en Dios; comunicándonos sinceramente con Él y perdonar libremente. Nos enseñó el valor de la fe, nos dio su enseñanza sabía que no debíamos ceder a la ansiedad, la angustia y la incertidumbre ante cosas como que comer, beber o el sustento. Él dijo:

"Cada día tiene sus propios problemas".

Las enseñanzas de Jesús son divinas, con sabiduría, nos orientan, nos dan dirección, soporte y bienestar. Sus enseñanzas fueron, son y serán eternas, su luz maravillosa resplandecerá en nuestros corazones, dándonos la paz y dirección que necesitamos día a día.

Realmente no es una tarea fácil y se me hacía tan difícil ponerlo en práctica en mi vida personal. Solo continuar con mi practica y más practica sé que un día muy cercano podré vivir plenamente el aquí y el ahora más plenamente.

Este es el momento crucial, lo que he aprendido y continúo aprendiendo y practicando, primero debo aceptar con amor lo que está pasando en el momento presente. Aceptar con amor significa enfocarme en mi corazón y no en mi mente, de esta manera puedo ver la verdad con claridad, reconociendo que soy yo la que ha creado esta situación, luego creer firmemente que es solo una situación temporal, pasajera porque nada en la vida es para siempre, todo en el universo está en un constante cambio y movimiento y lo más importante, que logré ver lo que ésta experiencia me estaba mostrando; seguramente que yo ya había experimentado esto anteriormente, pero la deje pasar, no me detuve para revisarla, reflexionar o simplemente ver la causa, entonces no aprendí la lección, me decía, a mí misma, este es el momento preciso de reconocer que hay algo dentro de mi ser interior que debe cambiar.

¿Qué es lo que estoy evitando aceptar en mi persona? o ¿Qué es lo que tengo que cambiar? quizás cambiar mi actitud, un hábito vicioso, un comportamiento en mi manera de actuar conmigo mismo y con los demás; o también pudo haber sido solo dejar ir situaciones, eventos, que no puedo cambiar.[9]

En este momento, solo aquí y ahora es la clave del éxito, cuando reconozco, acepto y tomo responsabilidad de mis propias acciones, entonces sé que he aprendido de esta experiencia y definitivamente no volverá a presentarse en mi vida, porque ya superé la prueba; ya he entendido que la vida está llena de lecciones, pero que simplemente debo aprender a estar más consciente como muchos maestros espirituales lo recomiendan o sugieren hacer en sus libros, charlas y lecturas por la razón que ellos ya lo vivieron en carne propia y lograron salir, cambiar, dejar, superar, y lo más importante aceptarse exactamente como son en su esencia.

Es posible que muchos de ustedes me digan que esto no es tan fácil como parece ¿Verdad? Si, es cierto, leer frases, expresiones que dicen: "vive el aquí y el ahora", por supuesto suena hermoso, muy poético, pero la verdad es un trabajo muy profundo y dedicado, que implica práctica y más práctica. Solo el compromiso personal conjuntamente de la mano de Dios será posible, no existe nada que sea imposible para Dios, él lo puede todo. Tenemos que adicionar algunos elementos en la vida porque se requiere dedicación, persistencia, constancia, paciencia, disciplina y mucha, mucha práctica.

Tanto yo como tú y todos los seres humanos, somos seres divinos, maravilloso con nuestros propios retos y situaciones,

9 Un Curso de Milagros- Somos pura esencia del amor de Dios, Todos nuestros pensamientos son creaciones temporales, tienen un principio y un final. Toda situación o experiencia es una lección que debe ser aprendida, de lo contrario sucederá nuevamente en algún momento de nuestras vidas.

porque somos libres de elegir y escoger nuestros pensamientos y crear nuestras experiencias, entonces ahora creo firmemente que no debo engañarme solo para aparentar o mostrar a otros lo que no soy porque al final será doloroso, me tomará más tiempo para asimilar, entender y sanar las heridas físicas y emocionales, que tenga que enfrentar. Está claro que enfocarme en el dolor me causa sufrimiento; sin embargo, enfocarme en la lección me permite seguir creciendo.

Traigo a mi mente algo que aprendí y que aplico cuando las dificultades se presentan en mi vida personal y lo comparto amorosamente con ustedes. La única verdad es que cada uno de nosotros descubrirá sus propios milagros. En un momento de todo este aprendizaje leía el libro de *Metafísica 4 en 1* de Conny Méndez[10] que decía algo como esto:

"Cuando estés envuelto en una dificultad, cualquiera que sea, trata de no seguir pensando en el problema y piensa en Dios. Reemplaza el problema por el pensamiento en Dios. No importa que esto sea grande, mediano o pequeño, lo más importante es que dejes de pensar en el problema. Piensa en Dios, no importa si no sabes mucho de Él, piensa lo que tu sepas de Él, que es omnipotente, que es amor puro, que es sabiduría, que es verdad, que nos ama infinitamente, solo piensa en Él, una y otra vez y piénsalo cada vez que el pensamiento del problema vuelva a tu mente. Relájate, suelta cualquier tensión, no trates de adivinar lo que va a suceder ni cómo va a suceder y finalmente cómo se va a arreglar. Deja, suelta todo y permite a Dios trabajar, confía y pon todo el problema en las manos de Él y simplemente olvídate del asunto".

Considerando que quizás no todos conocen acerca de esta maestra Metafísica Conny Méndez, comparto algo sobre ella.

---

10 Conny Méndez, Compositora, cantante, escritora, caricaturista, actriz y maestra Metafísica, autora de muchos libros. Uno de sus libros más leídos *4 en 1*.

Conny Méndez fue hija del distinguido Escritor y Poeta Venezolano Don Eugenio Méndez y Mendoza y de Doña Lastenia Guzmán de Méndez y Mendoza.

Fue productora, directora, actriz y autora de todos los textos de su obra musical. Realizó giras internacionales ofreciendo conciertos de canto y guitarra.

Dedicó varios años a actividades teatrales en actos celebrados a beneficio de la Cruz Roja Internacional. Conny fue una mujer muy prolífera, dejó legado con su obra musical que incluye cuarenta composiciones que se destacan por su aceptación popular del público. Ésta también incluye los de género clásico y romántico. Algo importante que resaltar fue un oratorio de inspiraciones sacras.

Conny Méndez inicia la investigación en el campo de la metafísica en el año 1939, durante la Segunda Guerra Mundial y bajo el amparo del movimiento espiritual "Nuevo Pensamiento". En Estados Unidos Conny Méndez fue discípula de Emmet Fox, una figura muy importante e inspiradora de la hoy muy conocida Alcohólicos Anónimos. Ella realizó las primeras traducciones de sus libros al español.

Conny Méndez también aprendió del Conde de Saint Germain, un personaje popular entre aquellos aficionados a las ciencias ocultas. En el año 1945 fundó la Hermandad de Saint Germain, y que finalmente se quedó con el nombre del Movimiento de Metafísica Cristiana en Venezuela, consagrándose de lleno a la enseñanza de la metafísica, publicando varios libros muy conocidos dentro del género de la autoayuda, siendo: *4 en 1* uno de los más populares.

Esta es una de muchas prácticas espirituales que he adoptado para seguir mejorando mi vida. He confiado mis problemas al más grande, sabio y hábil experto, que resuelve todo, hasta el problema más difícil en perfecta armonía para beneficio mío y del mundo entero, a entera satisfacción mía, pero he aprendido a salir de su camino, a no interferir, no participar con mi personalidad humana; diciéndolo de otra manera, evito meter la pata, como dice esta expresión que significa equivocarse, errar o confundirse y dejo el camino libre a Dios para que actúe en mi beneficio y del mundo entero.

La única forma de lograr nuestras metas o hacer realidad nuestros deseos, es simplemente aprender las lecciones en el camino. Imagina que quieres ser un Ingeniero Industrial, ¿Que tienes que hacer para lograr esta meta, para ser un profesional? Simplemente estudiar, ¿verdad? Después de terminar la secundaria, tendrías que aplicar a una Universidad y luego que apruebes entonces seguirás estudiando hasta terminar la carrera y finalmente después de 5 años de estudio te graduarías de Ingeniero Industrial, esto es solo si durante todo este tiempo tú aprendiste cada lección conscientemente y pudiste obtener tu meta trazada.

Pero qué pasaría si en el camino no has aprendido cada lección, entonces tendrás que comenzar de nuevo una y otra vez hasta que logres pasar todas las materias que se requieren en cada año de estudio de la universidad. Si no aprendemos bien la lección, esta aparecerá nuevamente en nuestras vidas. Queramos o no aceptar esta verdad, es exactamente lo que pasa con nuestras propias experiencias y entonces bloqueamos nuestro camino y nos estancaremos como si estuviéramos en una encrucijada sin salida. Seamos pacientes con nosotros mismos, todo es posible, pero toma su tiempo.

He aprendido que el aquí y ahora es solo este momento, no hay más, porque lo que hice, dije o pensé ayer ya está hecho, no puedo revertirlo, está terminado, ya no existe y mañana es solo una idea creada sin certeza; si creo que el futuro existe, sólo estoy asumiendo algo desconocido, no sé qué pasará mañana, nadie lo sabe, entonces me enfoco sólo en este momento y soy consciente de lo que hago, lo siento lo vivo, esto me ayuda a tomar mejores decisiones en mi vida personal. Nos pasamos la vida esperando que algo pase y lo único que pasa es la vida. No entendemos el valor de los momentos hasta que se han convertido en recuerdos.

Ahora puedo decir que soy una persona que puede desconectarse completamente de la televisión, por ejemplo, del teléfono celular, de los periódicos, de los noticieros y cualquier otro asunto, centrándome en el tiempo presente y procuro seguir cultivando mis espacios cuando estoy sola haciendo alguna actividad como cocinar por ejemplo, cuando cocino sólo cocino, si camino sólo camino, si leo pues sólo leo; y también lo hago cuando estoy con alguien o con los demás, pongo toda mi atención, mi presencia en el momento presente, porque es lo único que existe.

Me he dado cuenta de que haciendo esto estoy creando y viviendo realidades diferentes a lo que me está sucediendo en el ahora. Mientas más consciente soy de mis sentimientos y sensaciones mis sentidos se activan y me mandan información, entonces valoro cada momento y mi respiración se vuelve un placer. He aprendido a no hacer nada, a veces solo me siento o me acuesto y dejo que todo fluya sin hacer ninguna actividad específica y puedo ver como mi mente se tranquiliza y se torna en blanco, no hay pensamientos y descanso en ese instante, solo escuchando los latidos de mi corazón.

Al inicio, esta labor me pareció muy complicada y compleja, pero una vez aprendida se convirtió en una de mis actividades favoritas. Hacer esta práctica me ayuda a vivir con calma y tranquilidad, tomo las cosas con serenidad, soy más auténtica y continúo aprendiendo, enfocándome en el tiempo presente, haciendo y dando siempre lo mejor de mi persona, de mi ser, de mi hermosa niña interna, de mi Ser Único y Auténtico.

TERCERA PARTE
EL EQUILIBRIO
ENTRE LA MENTE Y EL
CORAZÓN ES LA CLAVE

Capítulo 7
Tomar responsabilidad de mis propias acciones me ayudó a crecer

"Sigue las tres 'R' Respeto a ti mismo, Respeto a los demás
y Responsabilidad en todas tus acciones"
Dalai Lama

La palabra responsabilidad abarca un sin número de definiciones. De acuerdo con el diccionario de la Real Academia Española (RAE), considera varias definiciones. Lo primero dice que esta palabra proviene del latín *responsum*, que es una forma de ser considerado sujeto de una deuda u obligación. También la considera como cargo u obligación moral en una cosa o asunto determinado; capacidad existente en todo sujeto activo de derecho para reconocer y aceptar las consecuencias de un hecho realizado libremente.

Entre las múltiples definiciones que la Real Academia Española (RAE) expone, define a la responsabilidad como la habilidad que posee el ser humano para medir y responder ante las consecuencias producidas luego de un acontecimiento que ha sido logrado o no logrado con pleno consentimiento e intención.

La responsabilidad se considera una cualidad y un valor del ser humano. Se trata de una característica positiva de las personas que son capaces de comprometerse y actuar de forma correcta. Ser responsables significa asumir las consecuencias de las decisiones que tomamos, por lo tanto, queda claro que se excluye de toda culpa a las circunstancias o personas que nos rodean. Expresiones como "ellos/ustedes me están enfermando", "esa persona me irrita", "él/ella es la culpable de todo", son expresiones que ponen de manifiesto nuestra falta de responsabilidad. Una vez que aprendemos a aceptar nuestra responsabilidad entonces podemos ver nuevos horizontes y nuestra vida en general mejorará.

Estoy segura de que tanto ustedes como yo, hemos escuchado, leído y muchas veces discutido sobre lo que es la responsabilidad en todos los ámbitos donde el ser humano se desenvuelve o desempeña. Esto es, donde tú y yo somos tan valiosos y parte integral en todo lo que nos rodea, ya sea el hogar, la escuela, en un centro de trabajo, en una empresa, una corporación, la universidad, en un centro comunal y muchos más. Un fenómeno que en nuestros días está tomando importancia y reconocimiento. Es como que el ser humano está entendiendo mejor el respeto asimismo y por ende tomar responsabilidad.

Desde que tengo uso de razón, cuando era todavía una niña, escuché mucho a mi querida madre hablar de responsabilidad; no solo la escuché, sino que ella nos enseñó a ser responsables y aprendí a ponerla en práctica desde muy niña. Puedo afirmar positivamente que la responsabilidad se aprende en nuestros hogares con nuestros padres que son los primeros maestros en nuestras vidas y luego seguimos aprendiendo en el camino y etapas de nuestro crecimiento. Recuerdo que a pesar de tener a alguien que ayudaba a mi madre en los quehaceres de la casa, cada uno de nosotros tenía tareas y obligaciones que cumplir, en las que nos turnábamos semanalmente, yo tenía entre 10 y 12 años de edad, cuando mi madre procedió a darnos nuestras primeras obligaciones, como por ejemplo hacer las camas, poner la mesa y los cubiertos, lavar los platos, ordenar el dormitorio, mantener nuestra ropa en orden doblada y clasificada, portarse bien cuando había visitas en casa, hacer las tareas de la escuela entre otras, y tenerlas listas cuando mi madre las revisaba.

Me siento afortunada de haber recibido estas enseñanzas en el hogar donde crecí porque mis padres pusieron la base y fundación para encaminar mi vida adulta, ayudándome a madurar y a aprender a tomar responsabilidad de mis acciones a lo largo de mi vida.

A medida que crecía iba aprendiendo a asumir mis responsabilidades, comencé a tener más confianza en mí misma preparándome así para la vida. Algo que considero vital fue que mientras más tomaba responsabilidad mi autoestima se incrementaba, ayudándome a crecer durante las etapas de mi vida. Conforme aprendía mi autoestima crecía y esto es por la valoración que tengo de mí mismo.

Difícilmente podría tener una alta autoestima si no fuera responsable de mis elecciones y acciones, porque entonces me sentiría víctima y por ende lamentaría mi mala suerte. Comencé a admitir que nadie vendría a ayudarme cada vez que necesitara algo, entonces debía acercarme más a mi interior y entender que la responsabilidad de mi vida está en mí misma. No siempre me era fácil asumir mis responsabilidades porque esto implicaba ser responsable de todas mis acciones y decisiones, de mi tiempo, de mi trabajo, del cuidado de mi cuerpo, de mis relaciones personales con los demás y como las trataba o manejaba, de mis emociones, de mis palabras, de mis acciones y pensamientos, y sé que tengo límites.

Me di cuenta de que debía establecer límites cada día para mí, yo entendí que no se puede controlar o cambiar todo en la vida, quizás haya hechos accidentales de los que no puedo responsabilizarme porque están fuera de mi alcance. Creí que era preciso tener muy presente que no es aconsejable que yo me haga responsable de sucesos que ocurren a mi alrededor y que se escapan a mi control, ya que entonces dejaría mi autoestima, y, por lo tanto, mi felicidad a expensas de las actitudes y comportamientos de terceros, o a sucesos que, en la mayoría de las ocasiones, no tienen nada que ver con mis acciones directas.

Por otra parte, estaría asimismo perjudicando seriamente mi autoestima si no fuera responsable de aquellos asuntos que están bajo mi control y dependen de mi voluntad. Así que asumir responsabilidad por mis acciones es una manera muy buena para mejorar mi vida en general.

Cuando tomo control de mis acciones estoy poniendo los malos hábitos detrás de mí y entonces puedo avanzar por un nuevo camino, y como dice un dicho: "Al final del túnel encontraras la luz." Significa que, si sigo tomando responsabilidad de mis acciones, podría encontrar la felicidad al final del camino.

Estoy clara que la responsabilidad es algo bueno, y positivo pero muchas veces cometo errores, y la verdad es que no hay nada malo en esto, soy un ser humano y claro que cometeré errores en el transcurso de mi vida, pero el secreto está en que aprendo de las equivocaciones en cada experiencia. Los errores son parte de la vida y tendré que hacerles frente siempre cuando se presenten no importa cuándo ni dónde. Gracias a mis errores es que aprendo en cada momento que vivo. Yo afirmo que cometer errores son mis bendiciones, porque me ayudaron y continúan ayudándome a reflexionar y cambiar mis viejos hábitos por algo mejor.

Desafortunadamente la sociedad ha creado esta regla: Culpar a los otros y como consecuencia tenemos a personas que empeoran porque esto disminuye su autoestima personal. Muchas veces en la vida tenemos malos ejemplos para seguir por lo que es necesario aprender a convertirnos en nuestro propio ejemplo. Nadie puede guiarte mejor que tú mismo para transformar tu vida. Cuando una persona asume su responsabilidad no se enfoca en el error que hizo sino más bien mira las opciones que hay para hacer bien las cosas. Por ejemplo, si causas un accidente cuando estas conduciendo deberás asumir tu responsabilidad y encontrar la mejor manera de solucionar al problema.

Cuando estás dispuesto a unirte con otros para cambiar y tomar responsabilidad por tus acciones ya estas mejorando tu vida. Una persona dispuesta a mejorar su vida no está en segundo plano. Esa persona está actuando, jugando el juego de la vida y adoptando medidas para lograr sus objetivos.

Entonces entiendo que si no me hago responsable de lo que me sucede y analizo detalladamente que tengo que modificar y qué puedo comenzar a hacer para que las cosas sean diferentes, no voy a avanzar nunca al lugar donde quiero estar. Ser responsable no es evitar u obviar los problemas, sino más bien aprender de ellos y reconocer como tú tuviste parte en ello para que llegara a tu vida. Recuerda: La Vida no es injusta, como se piensa, solo los irresponsables culpan a la vida, dicen, la vida es cruel conmigo sin ser conscientes de que son sus propias actitudes crueles las que los han puesto en la situación donde se encuentran. En esencia la vida es un mar de existencia dichosa y sagrada, la vida es la celebración del ser.

Es así como sucede que cuando fracasamos, siempre culpamos a alguien, pero nunca pensamos que tenemos el poder de cambiar y mejorar nuestra existencia.

Nuestra felicidad está en nuestras, manos. Recordemos siempre que somos los directores de nuestra orquesta y dependerá de cada uno de nosotros en tomar nuestras responsabilidades para dirigirla de lo mejor o simplemente no hacerlo. Tú decides.

RELACIÓN ESTRECHA ENTRE RESPONSABILIDAD Y AUTOESTIMA

Como término general vemos que hay personas que asumen la responsabilidad mejor que otros y curiosamente las personas que toman las riendas de su vida son las más responsables. Esto sucede porque tienen la autoestima más alta. Ellos buscan siempre maneras de solucionar sus propios problemas y no buscan a culpables. Todo esto los prepara para la vida, porque se incrementa la seguridad en ellos mismos y, por consiguiente, su autoestima aumenta mucho más.

El Psicoterapeuta y escritor americano-canadiense, Nathaniel Branden, conocido por ser el fundador del Movimiento de Autoestima en Psicología, considera que la responsabilidad es clave esencial para la autoestima. En su libro 'Los seis pilares de la autoestima" destaca que el tercer pilar de la autoestima es la responsabilidad de uno mismo. Sucede que, si evitamos la responsabilidad en nosotros mismos, nuestra autoestima se destruye, en caso contrario cuando nos hacemos responsables de nosotros mismos, nuestra autoestima se fortalece.

Entonces la responsabilidad que cada uno de nosotros ejerce a sí mismo es el secreto esencial para tener una buena autoestima. Branden también afirma que ser responsable es el fiel reflejo o la manifestación de la propia autoestima. Ser responsable con uno mismo implica muchos aspectos de nuestra vida, como de nuestros deseos, las acciones y decisiones propias, el nivel de conciencia que cada uno dedica a su trabajo, de la conducta propia con otras personas, la manera de priorizar el tiempo, de la felicidad personal, y lo más importante elegir los valores con los que cada uno quiere vivir.

Cuando se dice tomar las riendas de nuestra propia vida, es trabajar para comenzar a ver de una manera responsable, en otras palabras, entender que, ante nuestras propias necesidades, no habrá nadie que venga a solucionar nuestros problemas porque seremos nosotros mismos los que asumamos la responsabilidad de nuestros propios actos en nuestra vida.

La relación entre la autoestima y la responsabilidad es recíproca porque mientas más responsables seamos con nosotros mismos, nuestra estima será mejor,

La autoestima es la base del crecimiento como persona, sin ella no es posible tomar responsabilidad de nuestros actos. Esto quiere decir darnos cuenta de que más allá de lo que es la vida, lo que sucede es lo que está en nuestra historia y esta historia es la que estamos creando constantemente con nuestros pensamientos. Una persona responsable acepta las consecuencias de sus propios actos y sus propias decisiones. Consecuentemente sucede porque la persona tiene una valoración positiva de él mismo, se siente bien consigo mismo y sabe identificar y expresar sus emociones a otras personas.

Mi sugerencia personal: vive de manera responsable porque tu autoestima te lo agradecerá por siempre. Estarás preparado para manejar mucho mejor cualquier experiencia o evento en tu vida personal.

CAPÍTULO 8
APRENDÍ A CERRAR LOS CAPÍTULOS DE MI VIDA - DEJAR IR

"En la vida no se pierde ni se gana, no se fracasa y tampoco se triunfa.
En la vida se aprende, se crece, se descubre, se hila y se deshila
y se vuelve a hilar. Solo se vive cerrando nuestras etapas de vida"

Vilma Orrego

Situaciones difíciles y adversas ya se estaban viviendo en el Perú, desde el año 1980 con la erupción del conflicto armado interno que estuvo dividido en periodos. En este periodo Perú había retornado a un régimen democrático después de haber tenido 12 años de un gobierno militar dictatorial, y la situación económica y social estaba deteriorada

El siguiente periodo en el año 1985, Perú continuó con otro gobierno democrático, pero desde el año anterior 1984 se había iniciado la época del terrorismo en Perú y que se prolongó hasta el año 1989; el panorama diario era incierto y peligroso porque la violencia se incrementaba rápidamente y todos vivíamos tiempos desoladores.

En ese gobierno la aplicación del modelo heterodoxo de política económica[11] tuvo consecuencias desastrosas que afectaron al país. Fue una época muy difícil económicamente.

---

11 Economía heterodoxa representa una visión alternativa al enfoque convencional de la micoeconomía que busca encerrar la compleja y cambiante economía en el marco del equilibrio general.

En adición a todo lo que estaba viviendo se sumaron mis problemas y situaciones personales, en los cuales se destacaba uno en particular, mi relación sentimental que estaba atravesando momentos de crisis.

Todo esto contribuyó a que tomara la dura decisión de dejar mi país, que hasta este momento no sabía exactamente a donde me iría, pero unos meses antes había tenido la visita de una amiga mía y su esposo que habían regresado de los Estados Unidos después de siete años para visitar a su familia. Me contaron sus experiencias hermosas y positivas de todo lo que habían logrado hacer y tener en 7 años y me incentivaron a visitar este país, incluso me ofrecieron su casa en caso de que decidiera viajar.

Teniendo en cuenta esta oportunidad tomé el riesgo aun sabiendo que no sabía el idioma y que este país no era uno de mis favoritos, había tenido muchas oportunidades antes de visitarlo cuando tomaba mis vacaciones y viajaba a otros países, pero nunca me sentí atraída por este país; y ahora pensé: esto encaja perfectamente para realizar lo que tenía en mente, salir de este país.

Inmediatamente después de esto comencé a prepararme y hacer todos los trámites necesarios, que en ese tiempo era muy difícil, casi imposible obtener una visa para Estados Unidos porque estábamos teniendo un gobierno democrático, pero de control y la embajada americana era muy estricta. Esta solicitaba una lista interminable de requisitos, en otras palabras, la historia de tu vida y había que demostrar que se tenía un buen trabajo y solvencia económica para viajar.

Después de una serie de contratiempos y situaciones en el camino para obtener todo lo que solicitaban, finalmente estaba lista para pedir una cita con la embajada. Por la situación que se vivía en ese entonces, la embajada solo recibía a 50 personas diariamente, y había que hacer colas desde las 2 o 3 de la madrugada para ver si se tenía la suerte de ser acreedor a un tique dentro de esos 50 espacios.

Fue una mañana de invierno, cuando me levanté y me preparé para ir a la embajada y hacer la cola, llegué a las 3 de la madrugada, hacía mucho frío y me puse de inmediato en la cola, esta era inmensa, no sé cuántas personas ya estaban allí cubiertos con sus mantas esperando en la línea.

A las 7:00 de la mañana la embajada abrió las puertas, dieron algunas instrucciones y uno a uno iba pasando con su número de tique, finalmente recibí el mío, no mire el número hasta que estuve dentro de las instalaciones de la embajada, mi sorpresa fue grande cuando vi el número, era el 49, sentí un alivio inmenso sabía que estaba en el lugar correcto y presentía que todo saldría bien.

Cuando mi número apareció en la pantalla, me llamaron por el micrófono, y allí estaba yo, tranquila, segura de mis respuestas y cuando me preguntaron cuanto tiempo deseaba estar allí, le respondí que viajaba para conocer Disney World y que 15 días eran suficientes. El oficial fue muy amable me pidió que tomara asiento que en un momento me llamarían con el resultado de mi solicitud.

Pasarían unos 20 minutos cuando escuché mi nombre, me acerqué a la ventanilla y allí estaba el agente con una sonrisa amplia en sus labios diciendo felicitaciones, disfruté su visita a Disney. Una alegría invadió todo mi cuerpo y mi corazón latía rápidamente, recibí mi folder y mi pasaporte y no pude abrirlo hasta que estuve completamente fuera de la embajada. Respiré y me senté en una de las gradas, luego abrí mi pasaporte, una emoción me invadió completamente me habían otorgado la visa indefinida que normalmente no era muy común obtenerla. Esto me confirmó que eran los Estados Unidos el país que Dios eligió para mí.

Definitivamente Estados Unidos fue el país elegido donde yo vendría a vivir. Y en octubre del año 1989 deje Perú con mucha tristeza y una mezcla de sentimientos encontrados, con emoción y expectativa por algo nuevo y desconocido, pero al mismo tiempo con un dolor inmenso porque prácticamente estaba dejado mi vida.

Todo lo que había creado y construido hasta ese momento, dejé mi familia, relación sentimental, mis amistades, amigos, trabajo, actividades personales y muchas otras cosas que había edificado hasta ese momento. Mi corazón lloraba internamente por el amor que dejaba, pero estaba segura de que esta decisión era la mejor para mí y todos los demás.

Así fue como llegué a Estados Unidos, un país completamente diferente, otra cultura con un idioma diferente al mío. Ahora solo pensaba que este era el momento de terminar todo lo que había creado hasta ese momento y volver a comenzar de nuevo, lejos de todo y de todos, nunca me imaginé del tremendo reto en que me estaba embarcando.

Todo esto fue un proceso, me sentí como que mi mundo se vino abajo, todo se terminó drásticamente, se produjo un rompimiento, pude ver que lo que creé solo fueron hechos que comenzaban y terminaban sin importar que estos fueran positivos o negativos, solo fueron vivencias experimentadas que ahora pertenecían al pasado. Todos nosotros, como seres humanos pasamos por este camino con diferentes experiencias, pero al final son similares.

La verdad es algo más profunda, todas estas vivencias o experiencias que yo había creado estaban conmigo guardadas como memorias en mi subconsciente y no importaba a donde fuera, estas seguirían conmigo, entonces era necesario aprender a cerrar los capítulos de todos esos episodios o situaciones que había creado para entonces poder crecer y permitirme fluir.

Cerrar capítulos me ayudó a ver claramente que simplemente aquello no encajaba más en mi vida, debía dejar de ser quien era para transformarme en quien verdaderamente soy.

Mirando en retrospectiva esos momentos puedo entender ahora y decir que importante fue revisar todos esos eventos y trabajar en cada uno de ellos, aprendiendo a cerrar cada capítulo, terminando siempre cada ciclo, etapa, o puerta, como ustedes deseen llamarlo porque significan lo mismo, solo así podremos crecer y saber qué fue lo más adecuado, para luego crear algo nuevo, fresco y saludable, algo grandioso.

Aprendí que todo en el universo es un constante encuentro con los ciclos, lo veo en la naturaleza, en las estaciones del año, en el día y la noche, en los ciclos de la luna y del sol, en las plantas desde que sembramos las semillas hasta que florecen las flores. Al inhalar y exhalar. De la misma manera estos ciclos se dan en todas las etapas de vida de todo ser humano, en las relaciones, en las situaciones de trabajo, y mucho más.

Todo lo que hago en mi vida tiene un comienzo y un final que automáticamente va quedando en el pasado porque ya cumplió su propósito, es como que algo muere para dar paso a lo nuevo que sigue, a las otras etapas que tenemos que vivir. La vida es una continuación infinita.

Pude aprender a dejar ir y fui sintiéndome más liviana, una sensación de liberación. Considero que dejar ir es una herramienta muy eficaz que aprendí para ayudarme a cerrar ciclos en mi vida. Ahora vienen recuerdos a mi mente y observó que desde que nacemos tenemos que dejar ir, como por ejemplo el cordón umbilical que nos mantuvo unidos en el útero de nuestra madre, pero que ahora no es necesario porque iniciamos nuestra vida independiente.

Yo creo que la vida es una eterna escuela y el aprender a dejar ir es solo un aprendizaje. Nada es permanente o eterno todo cambia, estamos en un constante vaivén y vibración, nada es estático. Todo tiene su tiempo y lugar, cuando insistimos en permanecer en ella más del tiempo necesario, entonces nos quedamos atrapados en el pasado y no vivimos el aquí y ahora. Muchas veces sentía que mi vida se tornaba pesada con las experiencias negativas, desilusiones, fracasos y mucho más que cargaba y que iba dejando abiertas en el camino; no tenía la menor idea que debía cerrarlas en su momento.

Para que podamos tener mejor conocimiento y reflexión comparto un pasaje de la biblia Eclesiastés 3:1 que dice: *"Todo tiene su tiempo. Hay un momento bajo el cielo para toda actividad"*.

CERRAR CICLOS -DEJAR IR

Cerrar ciclos es finalizar capítulos de nuestra vida que tuvieron sentido antes pero que ahora ya no lo tienen. Se trata de poner final a una situación, ya sea una persona, algo material, una emoción sentimental o cualquier otra., es dejar ir sin afectar el presente lamentando y buscando razones de lo que ya pasó. No se puede seguir vinculados a quién ya no desea continuar con nosotros o sentir que pertenecemos a un lugar de donde ya nos hemos ido o nos han dicho que nos vayamos.

Dejar ir es una de las lecciones más difíciles de aprender en la vida de todo ser humano. Dejar ir la culpa, el enojo, el amor, la ausencia, el abandono, la culpabilidad, las desilusiones, el fracaso y mucho más. Nos aferramos tanto a ellas que perdemos nuestra libertad. Soltar y dejar ir definitivamente nos ayuda a recuperar nuestra libertad, nuestra alegría, y nuestro deseo de vivir mejor.

Cuando dejamos ir se produce una transformación de nuestra conciencia. Solo es necesario tranquilizarnos, identificar lo que deseamos liberar y dejarlo ir. Cuando hacemos esto permitimos que Dios actúe para luego experimentar la libertad. Dejar ir nos abre al poder de la inspiración, la sabiduría y el amor.

Entendamos que no es posible aferrarse a algo ni a nadie y seamos conscientes de que la vida está en un constante cambio, por lo que encontraremos siempre nuevas maneras de vivir. Muchas veces la tristeza, la desilusión, la pena, la impotencia nos lleva a querer borrar rápidamente acontecimientos que nos molestan, sin tomar el tiempo suficiente para analizar, reflexionar, sin haber asimilado lo vivido, sucediendo muchas veces que sigamos en la vida cargando sobre nuestras espaldas la carga de todo lo que hemos callado, de los ciclos que no cerramos de la manera apropiada, de ilusiones que alimentamos sin ningún fundamento.

Cerrar ciclos es vital para continuar explorando lo que sigue en nuestra vida, vivir nuevas experiencias, pero antes atrevámonos a romper estas ataduras que ya no son parte de nuestra realidad de hoy y que solo nos acompañan como fantasmas que solo nos hacen sufrir.

Cerrar ciclos es algo que debemos hacer constantemente, es imposible pensar que se hará una sola vez y todo se transforma mágicamente, lamentablemente les digo que no es así, al contrario, es más complicado, es como limpiar el disco duro de una computadora, para hacer espacio y poner algo nuevo y diferente. También lo comparo cuando limpiamos el closet, sacando todo lo que ya no necesitamos, haciendo espacio para lo nuevo que está en camino.

Todo esto es necesario, es la única forma de mantenernos abiertos y receptivos para todo lo nuevo que nos espera por vivir. Nuestras vidas están compuestas por ciclos o etapas y cada una de ellas cumple un propósito. La acción de dejar ir el pasado es liberarnos y permitirnos tener nuestros deseos y ánimo puestos en el presente, que considero el mejor regalo que la vida tiene para mí.

Algo muy interesante sucede cuando se trata de nuestras propias etapas de vida, infancia, niñez, adolescencia, juventud y vejez. Para muchas personas es difícil dejar ir la juventud, por ejemplo. Sucede que el tiempo pasa tan rápido que en un abrir y cerrar de ojos ya has llegado a los 40-50 años y muchas personas se consumen en tremendas crisis. Les cuesta trabajo aceptar el cambio, pero en particular aceptar el hecho de que su cuerpo ya no es el mismo de antes.

Puedo ver a muchas personas en los círculos que frecuento que les es muy duro aceptar este cambio que es el de pasar de adultos jóvenes a ser adultos maduros, muchos comienzan a gastar fortunas en cirugías plásticas, porque todavía mantienen la idea mental de la ilusión de la juventud. Yo comparo a la vida como un buen vino, si lo dejas macerar por un tiempo, encontraras que cuando llegue a su punto, este estará listo para beber y será delicioso por supuesto. Si lo bebes antes de tiempo o después, puedes enfermarte o desilusionarte.

Enfrenté muchas situaciones a las cuáles estaba aferrada, pero trabajando en esto podía ver que su ciclo había terminado, que ya no era bueno para mí ni para todos los que estaban a mi alrededor, lo único que estaba haciendo era vivir una agonía penosa, prolongando algo que ya no pertenece al presente, alargando el dolor, convirtiéndolo en un sufrimiento que no tiene fin.

Concluir o cerrar los capítulos de mi vida ha sido muy importante para mí, porque he podido dejar ir, porque esto terminó y no volverá más. Ya no es necesario que pierda mi tiempo preguntándome o buscando respuestas que no existen, esta actitud solo me hará daño y tomará un desgaste inmenso de mi energía, de mi vida en sí, e involucrará a todos los que estén en mi entorno, familia, amigos; que todos ellos estarán cerrando ciclos también, pasando páginas, mirando hacia adelante, y sufrirán al verme paralizada.

Es muy reconfortante saber que nadie puede estar en el pasado y en el presente al mismo tiempo, es imposible, el pasado no volverá, no podemos ser eternamente niños, adolescentes, ni hijos con sentimiento de culpa hacia los padres, amantes que reviven día y noche su relación con una persona que se fue para no volver más. Todo pasa y lo mejor que puedo hacer es no volver atrás. Sigo aprendiendo que es primordial deshacerme de recuerdos, que es necesario cambiar las cosas en mi casa, que puedo donar las cosas que no uso a organizaciones sin fines de lucro, regalar libros o cosas que ya no son necesarios para mí, que han terminado su ciclo conmigo.

Mi experiencia en dejar los recuerdos significa dejar libre un espacio para que cosas positivas ocupen ese lugar. Ahora sé que antes de iniciar un nuevo capítulo tengo que terminar el anterior, y repito varias veces este mantra que creé: ¡Lo que pasó no volverá jamás! Cuando pongo atención puedo ver que la vida es sabia, hay infinidad de señales que me dicen, me muestran, me lo hacen saber. Lo que sucedía anteriormente era que no escuchaba y lo hacía a propósito. Somos muy listos para buscar justificaciones irreales a estas señales o alertas que la vida nos muestra constantemente.

Un ejemplo muy claro para ilustrar esto sería como si mi casa se estuviera incendiando, pero no quiero ver y me rehúso a salir o abandonarla. ¿No te ha pasado esto alguna vez? La respuesta es solo tuya, pero a mí, claro que me ha pasado, es como que nos negamos a nosotros mismos a ver la verdad, estamos totalmente bloqueados y entonces es imposible ver claramente.

Mi camino de crecimiento personal y espiritual esta siempre en un constante encuentro con personas que de una u otra forma han llegado o llegan a mi vida por una razón, a veces es solo para expresar una frase, una expresión y otras para darles una palabra de aliento, un consejo, una sugerencia o animarlos en algún proyecto o situación en que están involucrados. En otros casos para que yo aprenda de ellos, pero el fondo de estos encuentros no son casualidades al contrario son maneras con las que Dios me conecta con estas personas precisamente en el momento y lugar perfectos, para continuar con mi aprendizaje de vida.

Todo encaja en el proceso natural del orden divino, no necesariamente en las cosas buenas, pero también en las cosas no muy buenas, el orden divino está presente para darnos resultados positivos y muchas veces mejores de lo que esperamos. Una pregunta muy común en la mayoría de las personas, incluida yo, es: ¿Por qué me es difícil dejar ir? ¿Por qué no puedo hacerlo aun cuando lo he intentado muchas veces?

La verdad es que no es tan fácil como parece. Uno de los factores es nuestro sistema de creencias que está profundamente enraizado en nuestro subconsciente, son las voces internas que están constantemente diciéndonos lo que debemos hacer o no hacer como, por ejemplo:

-*"No te divorcies", "¿Qué vas a hacer?"," ¿Quién va a cubrir tus gastos?", "¿Cómo vas a vivir sin él?", "Si lo dejas, te quedaras sola", "Eres un fracaso"," Ya no eres joven"*, etc.

Otro factor son las heridas emocionales o experiencias de trauma en la infancia. Experiencias de abandono, rechazo de parte de los padres, familiares y ahora tenemos miedo de volver a vivir ese dolor o perder lo que esa persona nos proporciona en la vida, tenemos miedo y pensamos que nadie más nos lo puede dar, es esa parte infantil que quiere que sólo "esa persona" se lo dé.

Cuando estuve trabajando en algunos aspectos para cerrar el capítulo en mi relación sentimental, pensé que era muy difícil y complicado, podía ver que no confiaba y quería controlar todo, creía que estar aferrada a este sentimiento me daba seguridad por lo tanto seguía aferrada porque temía caer al vacío, no sabía cómo manejarlo y mi razonamiento era:

- *"Si controlo y no suelto, estoy segura, pero si suelto no tengo donde apoyarme y caeré al abismo".*

Esta situación me aterraba, pero sabía que sin esto nada nuevo nacería. Mi razón sabía que cuando algo se acaba, otra cosa renace, pero sólo con el tiempo me daría cuenta de esto. El tiempo que tomaría para superar esta tristeza y dolor estaba en mis manos, todo dependía de mí.

Comencé con ver los beneficios de haber terminado esta relación, la verdad fue que yo tomé esta decisión, quería disponer de más libertad para hacer lo que yo deseaba, sin tener que esperar su aprobación, de conectarme nuevamente con mis amigas de las cuales me había alejado porque esta relación ocupaba todo mi tiempo, tomar mis decisiones independientemente sin consultar a otra persona; puse también mucha atención en las cosas que no me gustaban de la relación como: el seguir posponiendo el tiempo con excusas tras excusas de parte de él y no tomar una decisión concreta sobre nosotros. Deseo expresar honestamente aquí que cuando lo conocí, él estaba separado y vivía con sus padres porque según él estaba en vías de divorciarse, pero esto nunca paso; no compartir juntos las fechas más importantes como cumpleaños, Navidad, Año Nuevo etc., siempre tenía una razón para no estar presente.

Viendo todo esto más fríamente, podía convencerme de que esta relación ya no era sana seguirla, la realidad estaba puesta en bandeja diciéndome que la ruptura fue prudente y a tiempo. Fue necesario hacer esto porque en los momentos que flaqueaba y sentía deseos de retroceder en mi proceso, entonces recordaba todos los motivos o razones que generaron la terminación de esta relación.

Otra cosa que hice y que me ayudó mucho fue deshacerme de todas las cosas que me hacían recordar o reconectarme, fotografías, regalos, emails, llamadas y todo aquello que pudiera ser un estímulo para recordar y volver a esa historia; entonces las eliminaba de mi presencia y así iba cerrando los capítulos. Entendí que todo esto ya paso y esto es evolucionar.

Para que yo pueda crear algo nuevo debo evolucionar, crecer, amarme más, conocerme más. Tome el tiempo para estar conmigo, acepte que cometí muchos errores y los reconozco, aprendiendo la lección para que más adelante sea más consciente y pueda crear una relación más sana y tranquila armoniosa. Me desahogué usando algo que aprendí, esto es escribir todo lo negativo, mis frustraciones que sentía expresar, todo lo que tenía guardado en mí que no había podido decirle a mi pareja en su momento. Dejé salir mis emociones de frustración, dolor, tristeza, rabia, y muchas otras, mis lágrimas afloraron y las deje plasmadas en este papel, luego leí en voz alta visualizando que tenía a mi pareja delante de mí. Terminé y suavemente procedí a quemar lentamente el papel, iniciando mi proceso de perdón; perdonándome a sí mismo y perdonando a mi pareja, bendiciendo este nuevo espacio que se abría delante de mí, con serenidad y gratitud.

Tomé el tiempo necesario para curar mis heridas, miré mis emociones aflorar y reflexioné en los ¿por qué? y los ¿para qué?, acepté y me liberé de todo lo que ya había terminado de ciclo, ahora es tiempo de reconstruir y estoy liberada. Amo y continuaré amando a los demás. Me amo a mi mismo, por lo tanto, todos en el mundo me aman porque somos el reflejo en los demás.

El vacío es necesario, fundamental para crear algo nuevo. Entonces mi consejo es que ese ciclo que necesitas cerrar, no lo veas como un callejón sin salida, sino al contrario ve esto como un reto, un desafío que tienes en tu vida. Pregúntate ¿Que verdades en ti o de la vida tienes que encontrar?, ¿Qué necesitas hacer, aprender, cambiar o transformar? Practicar Meditación es una herramienta valiosa para recibir las respuestas perfectas que son necesarias en nuestras vidas. Con la meditación podemos sentirnos más relajados, nos aceptaremos mejor a nosotros mismos y no caeremos tan fácilmente en pensamientos negativos o repetitivos. Meditar nos ayuda a crecer interiormente y eso no es algo que debamos perder.

Comparto con ustedes información profunda que he aprendido de maestros espirituales como: Lao Tzu, Buda, Paulo Coelho un famoso Novelista entre otros que me han inspirado a seguir mejorando y pongo en práctica en mi diario vivir

¡Ten paciencia! ¡Espera hasta que el barro se asiente y el agua este clara! - Lao Tzu.

Con esta frase profunda, entiendo que cuando estoy viviendo eventos difíciles, debo poner toda mi paciencia y esperar, respirando profundamente para no reaccionar bruscamente, sino tomar tiempo para pensar y reflexionar, entonces puedo manejar mejor cualquier situación. Sí, como dice este maestro espiritual esperar que el barro se asiente, se refiere al problema, frustración o cualquier otra emoción negativa en la que este viviendo, que puedo tomar tiempo, sabiendo que en un momento determinado el problema se soluciona mejor de lo que esperaba, solo cuando el agua está clara., o sea cuando estoy más consciente de mí misma.

¡Permanece inmóvil hasta que la acción correcta surja por sí misma! - Buda.

En esta frase budista llena de sabiduría, entiendo que la acción que deba tomar en determinada situación que este viviendo aflorará en el momento perfecto por sí misma, sin que tenga que mover tierra y cielo para lograrlo, es mejor estar claro en lo que uno quiere, confiar y permanecer tranquilo, eso es lo que quiere decir con permanecer inmóvil. Solo conectada con la mente divina, permanecer en el silencio meditando, el único lugar mágico para conectarse con la divinidad de Dios.

¡Cerrar círculos es un proceso de aprender a desprenderse y humanamente se puede lograr porque, nada ni nadie nos es indispensable! Sólo es costumbre, apego, necesidad, por eso cierra, clausura, limpia, tira, oxigena, despréndete, sacude, ¡suelta! - Paulo Coelho

Todo lo que expresa Paulo Coelho en estas líneas resuenan en mi claramente porque es lo que he aprendido y aplicado en mi trabajo personal para lograr tener un mejor balance en mi vida diaria, pero que no he terminado todavía, porque continúo trabajando para cerrar ciclos y seguir soltando lo que ya no es bueno para mi mayor bien.

Cierra ciclos o capítulos cuando entiendas y estés claro que lo haces porque sencillamente aquello ya no encaje en tu vida. Deja de ser quién eres, y transfórmate en el ser que eres.

Para mí la vida es un constante dejar ir porque de esta manera tengo las manos vacías para poder tomar lo que viene. Entiendo que he dejado ir porque ya no siento ningún remordimiento por el pasado ni miedo por el futuro; dejo que la vida siga su curso sin que yo interfiera en su movimiento y cambio, sin prolongar las cosas buenas ni provocar la desaparición de las cosas negativas o no muy buenas. Es mejor actuar y moverme al ritmo de la vida, estar siempre en armonía con la música cambiante.

Deje ir y crée algo nuevo.

Ahora, respiro profundo y fácilmente, con gracia, libero el pasado para ser libre en este momento para todo lo que es posible ahora. Esta es mi gran oportunidad para dejar ir las cosas que ya no me sirven como: culpa, preocupación, pérdida, miedo, expectativas, cosas que no puedo controlar. Lo suelto, lo dejo fluir y lo dejo brillar. No lucho para seguir manteniéndolo, sino para soltarlo y dejarlo ir. Dejo que la presencia de Dios disuelva mis miedos y dudas y elimine toda incredulidad. Dejo ir y permito que Dios haga el trabajo dentro de mí.

Acepto lo que es, dejando ir lo que fue, y tengo fe en lo que será. No, le tengo miedo al cambio; las cosas hermosas pueden crecer cuando estoy dispuesto a dejar ir. Entiendo que dejar ir no es algo que se hace una sola vez, no, es algo que debo hacer todos los días, repetirlo siempre una y otra vez.

Hoy libero lo que no es bueno para alcanzar mi bien mayor, y permito que Dios se haga cargo del trabajo en esta sagrada experiencia. Soy sanado y renovado. Abro mi corazón al amor y soy bendecido con paz, alegría y armonía.

COMPARTO UNA DE MIS EXPERIENCIAS MÁS DIFÍCILES EN ESTE PROCESO DE CERRAR CICLOS - DEJAR IR.

Recuerdo claramente mi experiencia de soltar o dejar ir cuando estaba trabajando hace unos años, tratando de soltar el enojo, la irritación y la desconfianza que sentía por las acciones de mi padre durante mi niñez, adolescencia y que todavía estaba cargando en mi estado adulto. Me encontré luchando durante mucho tiempo y no podía soltar. En ese tiempo, nunca había entendido el poder de la liberación.

Intenté muchas veces deshacerme de estos recuerdos que me dolían, pero no estaba preparada para hacerlo. Entonces aprendí que uno de los doce poderes es la Renuncia o eliminación, esto fue como un destello de luz, fue hermoso, como nunca lo había entendido y vi que podía dejar ir. Tuve una elección. Mi transformación ocurrió en el momento en que me di cuenta de que tenía la respuesta.

Ahora sé que dejar ir comienza con mi conciencia y luego pasa a la expresión física y sé que estoy desempeñando un papel en la creación del drama que no me gusta.

Liberé toda falta de perdón y juicios en mí y con mi padre que me habían atado al pasado, y ahora se ha ido. Cuando dejo ir, permito a Dios hacer el trabajo en esta sagrada experiencia. Dejar ir me abre al poder de la inspiración, la perspicacia, la sabiduría y el amor.

Me siento feliz y agradecida de haber renunciado a todo lo que no quiero porque, en un momento, esto bloqueó el amor que siento por mi padre. Soy sanada y renovada y abro mi corazón al amor, soy bendecida con paz, gozo y armonía unidos a mi querido padre que descansa en paz, eternamente en la gloria de Dios. Te amo y seguiré amándote hasta la eternidad, gracias por haberme dado la vida.

Todo sucede por una razón más allá de mi entendimiento

Puedo afirmar con seguridad que esta frase tiene mucho de verdad. Seguramente que has escuchado expresiones como éstas: ¡Todo pasa por una razón!, ¡Todo tiene un por qué de ser!, ¡Nada sucede antes o después sino en el preciso momento!, Nada sucede sin ningún motivo!, ¡El tiempo de Dios es perfecto, nada sucede por casualidad! y muchas otras expresiones.

Cuando yo era más joven realmente no tenía idea de lo que estas expresiones trataban de decir; en otras palabras, no sabía el real significado y peor aún tampoco creía que esto pudiera ser verdad. Pero ahora después de muchos años y en la etapa de vida que estoy viviendo, donde me conozco mejor que antes, gracias a una decisión personal que hice hace muchos años de navegar en mi interior para encontrarme a mí misma, puedo decir que estas frases contienen solo la verdad.

Trabajando en mi ser interior, meditando en silencio he experimentado ese sentir y he escuchado la voz suave, tenue y amorosa de la divinidad de Dios. Pude escuchar mi "Yo Interno" esa guía espiritual que todos los seres poseemos pero que no es fácil detectarla, reconocerla ni tampoco conectarse con esa esencia divina que somos, porque estamos enfocados en el mundo material, en el caos fuera de nosotros, en nuestro ego. Estamos pendientes, enfocados en las situaciones y experiencias que vivimos en nuestro diario vivir externamente.

Mi trabajo interno personal, se inició buscando ayuda y apoyo, primero en libros valiosos, charlas, seminarios, luego terapias, sanaciones del niño interior, regresiones con amigos profesionales y muchas otras fuentes buscando la verdad, hasta encontrarme a sí misma, aplicando los principios universales en mi vida diaria, meditando y orando.

El concepto de "niño interior" tiene origen en el psicoanálisis y se refiere a todas las experiencias que tenemos cuando somos pequeños, cuando nos vamos estructurando como personas independientes y aprendemos valores, límites, cómo comportarnos, cómo interactuar con los otros; todo esto nos conforma y nos deja una huella muy importante en esos primeros años de vida.

Carl Gustav Jung[12] fue un destacado médico psiquiatra y psicólogo suizo que, como discípulo de Freud, contribuyó a ampliar las tesis del psicoanálisis.

Carl G. Jung tomo un fuerte interés en este concepto después de su ruptura con Sigmund Freud y es considerado el creador del concepto de "niño interno". Él incluyó este revolucionario termino en un arquetipo infantil en 1914 en su lista de arquetipos que representan la individuación. Y el desarrollo de las diferentes partes del yo, en un todo funcional.

En su trabajo intenso sobre el niño interno, él mismo se dio cuenta que había perdido su creatividad y el amor de construir las cosas que había tenido de niño. También se dio cuenta de las emociones que surgieron al recordar estas experiencias infantiles y se dispuso a desarrollar una relación con su propio niño pequeño, comenzó a hacer cosas juguetonas como lo hacía de niño y esto le trajo otros recuerdos y emociones para ser tratadas.

El escribió estas vivencias en su libro Recuerdos, sueños y pensamientos. Gracias a Carl G. Jung y un grupo extenso de autores y pensadores de relevante importancia y todos seguidores del pensamiento jungiano han explorado, estudiado, profundizado y aplicado el concepto del niño interno en prácticas terapéuticas y psicológicas que ayudan a reencontrarse y sanar su niño interno, aceptarlo y poder continuar con sus vidas en armonía.

Cuando me referí a las terapias, sanaciones de mi niño interno, y regresiones, en el párrafo anterior, estaba hablando de esta parte importante que es trabajar en nuestro niño interno,

---

12 Carl G. Jung fue uno de los primeros partidarios de Sigmund Freud debido a su interés compartido en el inconsciente. Fue miembro activo de la Sociedad Psicoanalítica de Viena. "niño interno" o "arquetipo infantil".

que en muchos casos este está herido, siente tristeza, sufre algún trauma, siente abandono y muchos otros aspectos que cada uno de nosotros ha vivido en su niñez.

Trabajar en nuestro niño interno tiene ventajas extraordinarias, nos ayuda a liberar emociones reprimidas que están estancadas en nuestro subconsciente. Nos ayuda a reconocer nuestras necesidades que no fueron satisfechas en su momento. Nos ayuda a resolver patrones de conducta que ya no tienen utilidad en nuestra etapa de adulta.

Nos regala nuevas oportunidades para un nuevo autocuidado y nos ayuda a conectarnos nuevamente con nuestra creatividad y con la alegría que teníamos cuando éramos niños. También nos ayuda a enriquecer nuestra auto estima. Todos nosotros llevamos dentro el niño interno, el niño que fuimos y es el que nos proporciona el equilibrio entre la parte lógica y racional.

Ahora pueden ver que tan importante es sanar nuestro niño interno. Esto fue lo que hice, las regresiones o terapias fueron para revivir el dolor, la tristeza, la frustración o cualquier otra emoción que me produjera ciertos recuerdos y la parte más importante fue enfrentarlos, ponerme cara a cara con lo que me estaba molestando de mi pasado. Una vez que estuve segura de ver a mi niño y sentirlo más, establecí un dialogo mutuo.

Comencé a acariciar a ese niño, cultivar una amistad más cercana y crear una conexión fuerte, preguntándole que necesita para ser feliz. Intente comprenderlo y darle mi protección y amor. Este proceso es sin lugar a duda una experiencia muy positiva que nos ayuda a curar brechas emocionales y fortalecer nuestro amor propio.

Ahora estoy completamente clara y convencida que esto es así. Muchos de los seres humanos pasamos por experiencias y situaciones que son completamente diferentes para cada uno de nosotros y ninguna es igual. La única razón por la que situaciones y eventos me suceden es solo para mi evolución, son lecciones que tengo que aprender, me agraden o no, las acepte o no, son parte de mi crecimiento personal y espiritual. Podría decir que todo pasa por algo y ese algo me hace crecer.

Gracias a ese algo que muchos llaman casualidad somos quienes somos, pero yo lo llamo sincronización, porque cuando algo pasa, esa energía Divina que está presente en todo momento está moviendo sus hilos para que eso suceda y tiene sus motivos, que nosotros desconocemos, la verdad es que tenía que ser así. Suceden porque algo hemos hecho para que ocurran, todo tiene una causa.

Siempre están pasando miles de cosas a nuestro alrededor, pero no nos damos cuenta porque nuestra atención no está allí o porque quizás no estamos preparados para verlas. Cuando estamos listos el maestro aparece y pensamos erróneamente que es casualidad. Tomemos ventaja de lo que la vida nos ofrece, porque si nos lo está dando es por algo. Las casualidades no existen

Los tiempos de Dios son perfectos, todo llega en el momento indicado y de la forma más increíble y armoniosa que puedas imaginar. Doy un vistazo a mi vida y reconozco esas sincronizaciones maravillosas que me han traído hasta este punto donde estoy, y con esa certeza de que existe una inteligencia divina infinita que guía mis pasos, confío que me espera un tiempo fabuloso. Tengo claro en mi mente lo que quiero, a donde quiero llegar y dejo todo en manos de Dios. Dedico mi tiempo a escuchar sus señales, sigo mi intuición y disfruto de todas esas sincronizaciones milagrosas que irán apareciendo para ayudarme y guiarme a cumplir y hacer realidad mis sueños.

Recuerdo que la inteligencia infinita esta siempre conmigo, me dé cuenta o no, allí esta. Se ha escrito mucho sobre este tema, no es nada nuevo, pero para las personas que jamás han experimentado estas experiencias, es momento de saber, está al alcance de todos sin excepción.

Estoy convencida que todas las experiencias positivas o negativas que he vivido, vivo y seguiré viviendo son únicas para mí y solo tengo que vivirlas para seguir aprendiendo las lecciones que la vida tiene para mí, estas encierran a la vida entendida como una escuela, dónde podemos aprender, superar obstáculos, enseñar a otros, aprender de lo que nos enseñan otros, subir niveles de conciencia, sanar y despertar a lo más profundo de nuestro Ser. Podemos ver y leer algunas frases profundas que contienen el trabajo, las experiencias vividas y aprendidas en sus propias vidas dejándolas escritas y plasmadas en sus libros, artículos, trabajos de investigación, notas, ensayos, y cuentos que son solo sus reflexiones únicas identificando a cada uno de ellos.

- "Cuando alguien se va, es porque alguien está a punto de llegar".

- "Todo pasa por algo y también deja de pasar porque no hiciste lo suficiente para que pase".

- "Nada sucede por casualidad, en el fondo las cosas tienen su plan secreto, aunque nosotros no lo entendamos.

CUARTA PARTE
TENIENDO EXPERIENCIAS DE ESPIRITUALIDAD

Capítulo 9
Acontecimientos sincronizados por la mano divina

En el universo todo se sincroniza armoniosamente desde su estado natural. ¿Has experimentado alguna vez una situación de sincronización? Tal vez estuviste esperando el autobús y conociste a la persona perfecta en el lugar perfecto. Quizás recibiste un cheque por correo con una cantidad de dinero que necesitabas en ese justo momento. O recibiste una llamada telefónica de alguien ofreciéndote una oportunidad inesperada. Estos sucesos o cosas misteriosas nos han cautivado desde siempre, a través de la creación de la humanidad y continúan sucediendo a menudo, los cuales nos parecen casualidades, pero no lo son, son sincronicidades. Para mencionar un ejemplo puedo decir que Pitágoras, un filósofo griego en el año 475 a.C. hablaba de "Armonía de todas las cosas" y la filosofía budista e hinduista ya concebían un universo interconectado e interdependiente.

Entiendo que mi mente racional cree que las cosas no se dan o no salen como deberían salir, mi mente intuitiva está recibiendo un mensaje de alerta, de cambio. Entonces la sincronicidad no es más que mis propios pensamientos, mis emociones y mi espíritu puestos de manifiesto en el universo o la substancia invisible de Dios.

La vida nos está regalando pequeños momentos mágicos que toman formas al azar, unas veces felices encuentros, asombrosos reencuentros y otros negativos de temor a las que intuimos un camino hacia lo extraordinario que interpretamos como señales de vida.

Yo considero que la sincronicidad es uno de los instrumentos más importantes que tenemos para comunicarnos con el universo y participar activamente en nuestras creaciones. Estos momentos o experiencias misteriosas, las llamo así porque es como se muestran cuando aparecen y nos sirven para conectarnos a nosotros mismos y poner atención a aspectos personales que hemos descuidado, también nos ayuda a abrirnos al mundo con gratitud y aceptarlo exactamente como es, dando rienda suelta a la energía del momento y de los encuentros que se nos ofrecen.

Está claro que hay una diferencia entre sincronicidad y coincidencia. La primera tiene una similitud a nuestro proceso consciente e inconsciente y dependiendo de cómo la interpretamos, puede informarnos a través de la intuición de cuán cerca o lejos estamos de nuestra propia coherencia interna. En cambio, la coincidencia es el acto y el resultado de coincidir dos o más personas, cosas o eventos. Es algo que se produce de manera simultánea en el mismo momento y lugar.

COHERENCIA INTERNA

Considerando que quizás este término **"Coherencia Interna"** es nuevo para muchos, deseo compartir información clara y sencilla, deseando que en algún momento decidan utilizar y aplicar en sus vidas personales.

Coherencia Interna es algo que se aprende e implica mucha practica y requiere enorme energía de nuestra parte, es el arte de ser fiel a nosotros mismos. Significa que nuestros pensamientos, emociones, acciones y palabras están en una misma dirección. Se considera una cualidad personal, en la que la persona actúa en forma lógica y acorde con sus ideas, principios y valores, quiere decir que hay lógica entre lo que piensa, como se expresa y actúa.

Si somos coherentes nos percibimos sinceros, confiables y auténticos.

Todos los seres humanos sabemos que en muchos casos hemos experimentado alguna experiencia como, por ejemplo: pensamos y sentimos una cosa, pero terminamos haciendo algo completamente diferente, pero casi nunca nos preguntamos ¿Por qué? La verdadera razón es que solo lo hacemos por quedar bien con los otros o porque tenemos temor de que se alejen de nosotros. Esto sucede porque nosotros mismos nos traicionamos con nuestros propios miedos e inseguridades.

Un ejemplo de incoherencia que puedo ilustrar es: Un arquitecto siente, piensa y habla sobre su deseo de proteger el medio ambiente, sin embargo, cuando toma la decisión de poner acción hace todo lo contrario, sigue talando los árboles y destruyendo el lugar ambiental de los animales. Definitivamente él necesita trabajar en su coherencia interna porque esta no está alineada con sus acciones.

Podemos ver que cuando esto sucede, estamos muy lejos de ser coherentes con nosotros mismos y con los demás, por lo tanto, sentimos que nos engañamos. Un factor importante que debemos considerar es escuchar nuestras emociones, ya que estas son como un compás que nos indica constantemente el camino a seguir.

Escuchar lo que sentimos y actuar en concordancia es la clave para ser coherentes, pero como vivimos en una sociedad con un ritmo acelerado y dramático, nuestra atención está en el exterior y entonces no nos percatamos de nuestras emociones que siempre nos están recordando; ¡Pon atención!

Cuántas veces estamos actuando de maneras diferentes a lo que nos aconseja nuestra conciencia sensata, sentimos una cosa, pensamos otra y hacemos todo lo contrario, así es como muchos de nosotros vivimos con las incongruencias.

Ser una persona íntegra demanda del trabajo de todas nuestras partes como ser humano, las que nos enorgullecen como de las que nos avergüenzan, las que mostramos y las que ocultamos. Solo cuando aceptamos y reconocemos que no siempre actuamos de la forma que deseamos, entonces podemos comenzar con los primeros pasos para mejorar y aspirar a la coherencia interna, fuente de felicidad.

Me recuerdo constantemente ser más fiel conmigo misma porque así expreso mis deseos de una forma abierta y sincera, logrando decir lo que deseo sin afectar a los demás. Cuando aprendemos a ser coherentes, sucede algo excepcional, los demás nos perciben como auténticos, responsables y confiables. ¿No les parece fantástico saber esto de nosotros mismos? Entonces ¡Atrévete! Inténtalo, recuerda que solo poniendo acción podrás comenzar a ver la maravilla de tener Coherencia Interna.

Yo creo que las sincronicidades son como señales de radio, frecuencias que me muestran que estoy conectada. Mi experiencia es única y solo corresponde a mí, cada persona es guiada por su mapa personal del cual no existe copia, el mundo está lleno de oportunidades, posibilidades, filamentos a la espera de que tiremos de ellos.

He vivido muchas experiencias sincronizadas en diferentes momentos de mi vida que puedo compartir con ustedes, como:

Cuando decidí salir de Perú mi país natal y obtuve la visa en un momento donde la política en el país estaba atravesando una etapa difícil y había mucho control. Nadie obtenía la visa fácilmente.

Cuando recibí una oferta de trabajo de alguien que yo no conocía y él dio las mejores referencias de mi persona.

Cuando tuve mi primera semana de vacaciones con la familia para quien trabajaba aquí en Estados Unidos y recibí un boleto de viaje ida y vuelta en Delta primera clase y toda mi estadía pagada.

Cuando gané un viaje a Brasil de 10 días todo pagado, en un sorteo y que, en el momento del sorteo, yo escuchaba en mi mente que anunciaban mi nombre, pero la verdad fue que realmente me estaban llamando físicamente y mi amiga me decía: "Vilma eres la ganadora, te están llamando", en ese momento volví a la realidad, salí de ese trance, fue maravillosos no sé cómo describirlo, solo sucedió.

En otros casos cuando hubo una fuerte tormenta y llovía intensamente, instintivamente sentía que no debía tomar la autopista principal una de las vías más importantes en Atlanta, sino que debía tomar una ruta alternativa.

Cuando recibí una invitación para ir a República Dominicana de parte de una pareja que en ese entonces eran mis estudiantes en la Universidad donde enseñaba español y no sabía mucho de ellos, solo que eran mis estudiantes muy amables, amenos y sencillos. Mi momento mágico fue cuando llegó el día del viaje y me enteré que viajábamos en su avión privado. Esta fue la primera vez en mi vida que viajaba VIP. Todavía conservo mi pasaporte con los sellos de la salida y entrada VIP al país.

Cuando me enteré de que la persona que vivía en mi apartamento en Perú no pagaba la renta por varios años y no quería desocuparlo, la única manera era que viajara y solucionara este caso. Realmente no sabía con lo que me iba a encontrar, fue algo caótico lo que encontré, el departamento estaba casi destruido, pero otra vez la mano divina puso los medios y vías en mi camino para que yo pudiera solucionar esto.

Primero hablar con los inquilinos y encontrar los mejores términos que fueran de beneficio para las dos partes, luego reparar, arreglar y reemplazar las partes que estaban destruidas, pintarlo y dejarlo listo para la venta. Todo esto pude hacerlo en los 30 días que estuve allí, y faltando cuatro días para regresarme a Atlanta el departamento se vendió. Fue una experiencia asombrosa, todo encajó en el lugar y tiempo perfectos, aun en contra de los pronósticos negativos de los que estuvieron a mi alrededor en ese tiempo.

Puedo asegurarles que en todo el proceso aparecían las personas perfectas, las ideas venían a mi mente y las ponía en acción, los medios financieros aparecían. Estos se daban y procedían de personas que nunca me hubiera imaginado que podrían facilitarme esta ayuda. Las personas, las cosas que por alguna razón tenían que estar presentes aparecían en el preciso momento, la compradora perfecta apareció en el tiempo justo. Al final todo se acoplaba, era como cada pieza del rompecabezas encajaba en su lugar y el trabajo quedaba terminado de la mejor manera, muchas veces mucho mejor de lo que yo había pensado.

VOLVÍ A NACER

Digo que volví a nacer, porque tuve una experiencia espiritual, sentí la presencia divina de mis ángeles en el momento del accidente, ellos salvaron mi vida y luego estos se manifestaron en ángeles humanos maravillosos, que estuvieron presentes para ayudarme.

Fue una mañana hermosa de otoño, soleada con un sol brillante del 15 de octubre de 1992 aproximadamente a las 10:30

de la mañana cuando salí de la casa en el área de Buckhead Atlanta, donde trabajaba como "Niñera" con dirección a la oficina de Registro de Placas en la ciudad de Marietta. Sucedió que era el último mes que trabajaría con esta querida familia americana y necesitaba registrar la placa de mi auto porque trabajando aquí había tenido la oportunidad de ahorrar y ahora tenía mi propio auto un Honda Accord. En este tiempo todavía no había GPS, la única forma era buscar las direcciones en el Internet MapQuest imprimirla y seguir las direcciones en forma manual. También confieso que en este tiempo yo no conocía muy bien Atlanta, era la primera vez que entraba en la autopista para tomar la vía 75 Norte.

En ese tiempo yo manejaba el auto que la familia me había proveído mientras trabajaba para ellos, este fue un Honda Preludie Deportivo, el que debía devolver cuando terminara mi trabajo con ellos. Salí muy contenta, tranquila y confiada de saber que muy pronto estaría manejando mi propio auto.

Manejé y manejé sin poder encontrar la salida o el nombre de la calle que buscaba, y me di cuenta de que tenía ya mucho rato manejando quizás más de dos horas, entonces empecé a preocuparme, no me atrevía a salir en ninguna salida porque todo era desconocido para mí, y confiaba que en algún momento encontraría la salida que buscaba, siempre orando y pidiéndole a mis Ángeles que me guiaran y me ayudaran a tranquilizarme. Yo creo en los Ángeles, tengo una confianza completa de que ellos están conmigo y me guían, me acompañan, me protegen, sabía que estaba perdida, pero seguía teniendo esperanzas de que todo estaba bien.

En un momento inesperado sentí un olor a quemado, y me di cuenta de que el humo salía de la parte delantera del auto, y al mismo tiempo escuché un sonido raro en el auto, mi miedo se incrementó y solo dije: Dios mío, ayúdame, ayúdame, estoy en tus manos y en ese momento algo reventó o explotó, porque el sonido fue horrible, mi corazón comenzó a palpitar más rápido; y gracias a Dios pude controlar y maniobrar el auto con cuidado bajando la velocidad y salirme poco a poco a un lado de la carretera. Paré bruscamente y bajé inmediatamente del auto porque el humo que salía de la capota donde está el motor era abundante. Lo que vi fue increíble, la llanta estaba destrozada había volado en pedazos y el aro estaba doblado rozando el piso de la carretera.

El auto se había sobrecalentado por el tiempo de manejo y por supuesto el radiador se había quedado sin agua, esta fue la razón del humo abundante que salía de la parte delantera del auto. En ese momento solo le pedía a Dios que me de tranquilidad, porque estaba tan nerviosa, asustada y perdida, que no podía pensar claro y para colmo no tenía un teléfono celular para llamar a la familia con quien trabajaba, y avisarles lo que estaba sucediendo.

En ese tiempo yo todavía no hablaba bien inglés. Lo poco que sabía era pésimo, y no entendía mucho. Estaba en medio de un lugar desconocido, en el área de Jonesboro Georgia en la autopista 75 Norte y para completar el cuadro, estaba muy lejos de la próxima salida, así que esperé que el auto se enfriara y luego entre al auto, me senté y me dije: Ahora que hago Dios mío, ayúdame, eran ya casi las 2:00 de la tarde.

Recuerdo que seguí orando, pidiendo a mis Ángeles su guía y su ayuda. No recuerdo cuanto tiempo estuve allí pensando, sin saber que acción tomar, solo pidiendo ayuda a ese Dios Divino que esta siempre conmigo y todos los demás. Y de repente vi que un auto se detenía a unos cuantos metros de distancia delante mío, vi bajar a un hombre alto bien parecido y muy bien vestido se acercó a mi auto, toco la ventana y me preguntó:

—Disculpe, ¿está bien?

Yo abrí la ventada y con el escaso inglés que sabía le respondí:

—No Señor, no estoy bien, se reventó una llanta y el motor se ha sobrecalentado mucho, no sé qué hacer.

Muy amablemente me contesto:

—No se preocupe yo le voy a ayudar a cambiar la llanta, estoy seguro de que usted tiene una llanta de repuesto".

Realmente no sabía nada de nada, porque nunca había revisado ni hecho nada al auto, porque la familia donde yo trabajaba se encargaba del mantenimiento y cualquier reparación del auto cuando este lo requería, yo solo lo conducía y le ponía gasolina.

Entonces le respondí:

—No sé, no creo que tenga una llanta de repuesto.

Él me pidió la llave y me mostró donde es que el auto tiene la llanta de repuesto. Mientras él hacia el trabajo me preguntó qué hacía yo en este lugar.

Haciendo un esfuerzo y tratando de encontrar las palabras correctas en inglés, le expliqué la razón y lo que pasó. También le pregunté su nombre y si él era original de Atlanta Georgia, con sorpresa y alegría al mismo tiempo recibí su respuesta, cuando dijo:

—Mi nombre es Michael. —Yo pensé: *Gracias Dios mío, mandaste a tu Arcángel San Miguel.* Para mí fue la presencia de este Arcángel que estuvo conmigo en todo lo que me sucedió ese día.

El prosiguió diciendo que no era de Atlanta, me explicó que venía de California y que estaba asistiendo a una Convención de negocios en el centro de Atlanta y que cuando me vio, él estaba regresando de la convención con dirección a su hotel.

Terminó y muy amablemente me dijo que él saldría en la próxima salida, pero que iría detrás mío para asegurarse que todo está bien conmigo, y que maneje despacio para no poner mucha presión a la llanta de repuesto. Le agradecí sinceramente, nos despedimos y así lo hice, cuando ya estaba cerca de la salida, él se adelantó y me hizo adiós, con una señal de mano, diciendo todo está bien. Me sentí tan agradecida porque creo firmemente que Dios usa a los seres humanos para hacer el papel de Ángeles aquí en la tierra y poder asistirnos.

Las coincidencias no existen, su nombre Michael y no era de Atlanta Georgia. Me sentí mucho mejor expresando gratitud por la ayuda de este buen hombre, pero ese día había algo más que yo tenía que experimentar, y esto desconocido que estaba por pasar era solo para mí, por supuesto que yo no tenía ni la menor idea de lo que me espera más adelante.

Continúe manejando, siempre en mi derecha como me había recomendado Michael, a una velocidad razonable, pensando salir en la próxima salida y buscar ayuda, ver la forma de llamar a la gente con quien yo trabajaba para avisarles que estaba perdida y necesitaba su ayuda.

Habrían pasado veinte o treinta minutos, cuando me di cuenta por mi espejo de la izquierda que un camión de 18 ruedas se metía a la línea de la derecha, donde yo manejaba, entonces inmediatamente toque la bocina muchas veces, pero el ruido de camión era tan fuerte que el chofer ni escuchaba ni me veía, él seguía entrando más y más, mi corazón comenzó a acelerarse, me invadió un miedo terrible y al ver que seguía metiéndose a la derecha, solo cerré mis ojos y dije Dios mío yo sé que tú estás aquí, protégeme, solo sentí el tremendo impacto muy fuerte en el lado izquierdo donde yo manejaba y mi auto se dio varias vueltas de campana quedando atravesado en medio del tráfico pesado de la autopista 75 Norte con dirección opuesta del tráfico.

Después de esto solo recuerdo el sonido vago de las sirenas de los bomberos, y de la policía, también recuerdo que me hacían preguntas y no sé cómo contesté todo esto con el inglés que no era bueno en ese momento, aparentemente mis respuestas fueron correctas porque cuando desperté después de varias horas, yo estaba en el hospital y toda la familia para quien yo trabajaba estaba presente allí.

Cuando desperté estaba en el hospital y sentí algo frío en todo mi cuello, instintivamente me toqué el cuello y la cabeza y al mismo tiempo mire mi blusa, estaba casi toda manchada de sangre, me habían puesto algunos puntos porque me había roto la cabeza en la parte lateral baja izquierda. Todavía estaba un poco desorientada, pero mire alrededor de mi cama y me invadió una emoción muy grande al ver este cuadro hermoso de toda la familia completa alrededor de mi cama, la pareja y sus cuatro niños hermosos que yo cuidaba.

Fue un cuadro hermosísimo, extraordinario como pintado por un artista, todos con una sonrisa amplia amorosa diciéndome Vilma te amamos. Cada uno de ellos me había preparado dibujos y habían escrito palabras hermosas sobre lo que ellos sentían por mí, fue muy emocionante, y muy profundo para mí, porque yo estoy sola en este país lejos de mi familia, pero Dios es tan grande y bueno que escogió a esta familia que me acogió como un miembro más de su propia familia. Tuve una familia real, amorosa muy especial. Estoy eternamente agradecida a todos ellos.

También estuvo presente uno de los policías quien había estado presente en el momento del accidente, para decirme que todas mis pertenencias personales y lo que tenía en la maletera estaba allí completo. Yo tenía planeado asistir a la despedida de soltera de una amiga mía después de terminar con el trámite del registro de la placa por lo que tenía el regalo en la maletera, por supuesto que nunca llegue a la fiesta. La enfermera que estaba presente recomendó que no me moviera mucho porque los puntos de la sutura en mi cabeza estaban frescos, pero yo sentía la necesidad de tocarme y moverme para revisar mi cuerpo y sentir que todo estaba completo y que no me había roto ningún hueso, por suerte estaba completa, esto fue la mano de Dios, me salvo y sentí que había vuelto a nacer.

En el camino de regreso a casa ellos me contaron lo que realmente paso. Con el impacto tan fuerte del camión las puertas del auto se trabaron y fue imposible abrirlas para sacarme, los bomberos tuvieron que sacarme por la ventana del panel solar del techo del auto que gracias a Dios lo tenía abierta porque hacía calor ese día; como sangraba mucho ellos me pusieron un cuello protector porque pensaron que me había roto el cuello y así me trasladaron al hospital más cercano en esa área,

El auto quedó completamente destrozado y la compañía de seguros le dio pérdida total. Otra cosa impresionante que sucedió fue que el impacto más fuerte fue directamente en el lado izquierdo donde yo conducía, y milagrosamente el timón se dobló hacia la derecha dejando mi cuerpo libre de la presión del timón. Todo sucedió tan rápido en una milésima de segundo, recuerdo claramente nítidamente que en ese momento que estaba entre despierta e inconsciente, sentí la presencia divina de Dios y de mis Ángeles, fue como una sensación vaga de que alguien movía el timón para otro lugar.

Otro milagro sincronizado fue que todo el vidrio delantero del auto solo se astilló, pero ningún pedazo de vidrio se desprendió de su lugar, solo pequeñas partículas de vidrio se incrustaron en mi cara haciendo pequeñas heridas, pero sin hacer daño alguno a mi piel. Yo uso lentes con prescripción para conducir y recuerdo que, en el momento del impacto, solo cerré mis ojos y me encomendé a Dios, pues por esas cosas que no tienen explicación mis lentes tampoco se rompieron solo salieron disparados sin hacerse daño, porque cuando el policía me entregó todas mis pertenencias, mis lentes estaban allí en perfecta condición, intactos.

Un suceso más dentro de toda esta cadena de milagros de sincronizaciones divinas que sucedieron en este accidente, fue que gracias a dos hombres maravillosos uno de piel blanca y otro de piel morena, quienes conducían detrás de mí y quienes vieron todo lo que sucedió en el accidente, fueron los primeros que siguieron al camión; porque después del impacto el conductor del camión continuó conduciendo y no paró, así que estos dos hombres maravillosos lo siguieron para pararlo porque parecía como que se estaba dando a la fuga y unas millas más adelante lograron detener al camión.

La policía pudo intervenir inmediatamente y hacer el reporte. Estos dos hombres desconocidos para mí fueron mis Ángeles testigos y por supuesto el reporte fue contundente de que el conductor del camión tenía toda la responsabilidad de causar el accidente. Para mí el hombre moreno fue la representación viva de mi santo favorito San Martin de Porres que estuvo allí en persona para darme la mano. San Martin de Porres es un santo peruano de color y que yo lo llamo "Mi Negrito Lindo" es muy milagroso. Nunca tuve la oportunidad de conocer a estas personas, me hubiera gustado agradecerles en persona por su inmensa ayuda en este momento de reto que experimenté en mi vida.

De lo que si estoy segura es que Dios puso allí a sus Ángeles para protegerme y cuidarme. Luego de todo lo que paso, al segundo día comencé a sentir dolor en todo mi cuerpo, la espalda, las piernas los brazos, el cuello y poco a poco fui descubriendo que en muchas partes de mi cuerpo tenía moretones, manchas grandes de todos los color morado, verde y negro, resultado de los golpes que había sufrido, eran hematomas que necesitaban acción y cuidado inmediato. Después de una semana más o menos, mi visión comenzó a cambiar, veía borroso, en momentos se empañaba mi visión, sin poder ver claro y en otros momentos mi visibilidad se tornaba estrellada, luces brillantes en el campo visual, veía miles de estrellas juntas como un rompecabezas, pensé que algo no estaba bien conmigo.

Después de hablar con la familia con quien trabajaba, inmediatamente se inició un proceso legal con la compañía de seguros del camión, gracias al testimonio de esos dos hombres, el policía tenía un buen reporte. Esto fue la bendición y el regalo más grande que haya tenido en mi vida, porque la compañía de seguro se hizo cargo de todo mi tratamiento y seguimiento con los mejores médicos para estar seguros de que no tendría ninguna secuela futura.

Estuve en tratamiento y chequeos físicos con los mejores médicos, y especialistas de cabeza y columna vertebral porque los médicos consideraban que los golpes y traumas en la cabeza pueden tener repercusiones a largo plazo. El tratamiento se prolongó por un año y medio, me hicieron todos los exámenes, análisis, pruebas físicas y otros que ellos consideraron necesarios. Con todo este cuidado y control me recuperé perfectamente, mi visión volvió a la normalidad, los hematomas se disolvieron, la herida en la cabeza cicatrizó y sanó rápidamente, los resultados de pruebas y exámenes de la cabeza y columna fueron perfectos, todo en su rango normal; y lo más importante, me sentía perfectamente bien de salud.

El resultado de la acción legal fue positiva, salió a mi favor con una atractiva compensación monetaria. Dios se encargó de poner todas las piezas del rompecabezas en su lugar perfecto, porque durante el año y medio que estuve en tratamiento, recibí la aprobación de autorización de trabajo por la Oficina de Inmigraciones, que había aplicado y estaba en proceso.

Cuando todo este caso legal terminó, mi salud estaba recuperada y tenía en mis manos la autorización de trabajo, pensé: este es el momento correcto para viajar a Perú y visitar a mi familia no solo con la alegría y ansias de verlos sino de ayudar económicamente a mis queridos padres que en ese momento era tan necesario. Todo esto fue gracias a esa mano divina que todo lo puede.

El resultado de esta experiencia negativa se tornó positiva en muchos aspectos que fueron beneficiosos para mí y para todos los que estaban a mí alrededor, como fue la familia con quien trabajaba, mi familia y todas las personas que de una u otra forma fueron parte de esta experiencia. Dios siempre quiere lo mejor para todos nosotros y los resultados son siempre mejor de lo que esperamos.

CREO EN LOS ÁNGELES

Fui criada en el seno de un hogar católico y recibí mi educación secundaria en una escuela católica también. Mi querida madre, una mujer extraordinaria con muchos valores y mucha fe nos enseñó desde muy pequeñitos a orar y nos enseñó la oración a nuestro Ángel de la guarda, que lo hacíamos todos los días antes de ir a dormir.

Siento que fueron estas valiosas enseñanzas recibidas desde muy pequeña lo que me han servido para cimentar mi creencia primero en Dios y los ángeles.

A través de la historia existen numerosas definiciones acerca de los Ángeles que se han ido dando y cambiando de acuerdo con la gran variedad de creencias religiosas que existen hasta este tiempo presente. Los ángeles han sido representados en una infinidad de formas a través del paso del tiempo, ellos muestran mucho sobre la historia del cristianismo y por qué la gente cree en ellos.

La palabra *"ángel"* se deriva de la palabra latín *ángelus*, que a su vez deriva del griego *ággelos*, que significa mensajero, enviado. Podemos ver que en las escrituras existe una amplia información que nos permite establecer un buen fundamento para nuestro conocimiento de los ángeles. También consideran que los ángeles son servidores y mensajeros de Dios. Son seres espirituales, no corporales y están enormemente presentes en la tradición cristiana y judía.

Puedo decir que los ángeles son mencionados cientos de veces tanto en el antiguo como el nuevo testamento. La historia misma nos muestra que en el correr de los siglos los ángeles tienen una historia mucho más profunda y rica de lo que parece, ya que se encuentra presencia importante no solo en las tradiciones de la iglesia sino en el arte cristiano, en las devociones populares de toda religión, en las escrituras, en la vida vivida por los santos y mucho más.

La existencia de los ángeles data mucho antes del tiempo de cristo, como expresan algunos estudiosos religiosos, teólogos y laicos que se han dedicado a investigar la verdadera existencia de los ángeles dedicando muchos años de sus vidas; creen que los ángeles existieron desde la dinastía Egipcia porque las evidencias descubiertas en los hallazgos arqueológicos egipcios muestras a los dioses con forma de animales, como el dios Horus, que está representado como un halcón y las deidades solares que eran representadas como ángeles.

Todo esto encontrado en las inscripciones de los sarcófagos y en algunas de las paredes de templos, como responsables de cuidar a la humanidad. Un hecho extraordinario son las representaciones de la reina de las diosas Isis, quien aparee con grandes alas.

Estas evidencias nos dicen mucho de la existencia de los ángeles. Yo creo firmemente en ellos y reconozco que son servidores y mensajeros de Dios, son seres espirituales, sustancias creadas inmateriales y completas para distinguirse del alma humana.

En alguna parte del libro mencioné que cuando era una niña, muchas veces jugaba con mis amiguitas imaginarias, pero ahora sé claramente que ellas eran mis ángeles. Ellos están con nosotras en todo momento y en todo lugar donde vamos o estemos. Mi conexión y comunicación con mis ángeles se ha fortalecido con el paso del tiempo, su presencia en muchos eventos y situaciones de mi vida me han ayudado a continuar agudizando mis sentidos y estar alerta o mejor dicho estar más consciente cuando siento o percibo cualquier manifestación de su presencia.

La convicción que tengo de la existencia de los ángeles ha estado conmigo siempre. Durante todos estos años caminados, pasando por las etapas naturales en la vida de un ser humano, han llegado a mis manos una serie de libros relacionados a la existencia de estos seres espirituales. No recuerdo que en algún momento yo haya buscado o pretendido comprar un libro sobre ángeles, estos llegaron a mis manos en diferentes momentos de mi vida en el tiempo de Dios, cuando yo debía tenerlos para conocer más sobre ellos y solo tomar la información que en ese momento resonaba en mí.

Lo más asombroso del contenido en estos libros escritos por seres humanos quienes han conocido a Dios a través de la fe de su hijo Jesús han tenido la certeza de que los ángeles de

Dios existen y nos observan y nos asisten a todos nosotros porque somos parte de Él y han contado sus experiencias personales con los ángeles en diferentes circunstancias y momentos expresando algo que yo considero como un común denominador porque es lo que he experimentado y todavía sigue sucediendo actualmente.

Casi todos confirman el haber recibido mensajes claros y vividos, pero en diferentes formas, auditivos, en forma de susurros, otros recibiendo imágenes claras en sus sueños, otros con mensajes visuales, estos pueden ser signos, números, avisos o carteles y muchos otros expresan haber escuchado la voz de la intuición, sintiendo la voz apacible del amor, este último con el que más me identifico.

A continuación, deseo mencionar algunos libros y actores que con sus experiencias personales me han ayudado a expandir más mi conocimiento sobre los ángeles y entender mejor la profundidad de esta conexión divina con ellos. Así llegó a mi uno de estos libros *Ángeles Siempre Cerca* de la autora Evelyn Bence. Ella es una escritora americana, nacida en Arlington-Virginia; autora de varios libros y también se ha desempeñado como editor de religión en Doubleday y Gerente de la Revista *Mujer Cristiana De Hoy*.

Puedo mencionar a las hermanas Barbara Mark y Trudy Griswold coautoras de la serie de libros *Hablando con su Ángel de la Guarda*, ellas son maestras consejeras espirituales y expertas en ángeles. Trudy Griswold nacida en Westport, Connecticut, es una maestra espiritual intuitiva reconocida internacionalmente. En el año 1991 ellas estaban buscando una mejor experiencia espiritual, cuando cada una de ellas fue despertada por un ángel quién les dictó un mensaje de esperanza y de fe a través de ellas y confiesan que nunca han visto a un ángel que simplemente son dos hermanas, quienes por alguna razón que quizás nunca conocerán por completo fueron despertadas por los ángeles. Esto fue el inicio de su trabajo espiritual, dejando plasmado en sus libros la experiencia viva de la presencia de los ángeles canalizando los mensajes que reciben de ellos.

Otros escritores y autores que han escrito sobre sus experiencias extraordinarias con la presencia de los ángeles en sus vidas, como Peter y Linda Miller-Russo, originales de Minnesota. Ellos son fundadores del "Circulo de Iluminación Angelical ". Linda es una reconocida lectora espiritual con conocimiento sobre la naturaleza humana, graduada en Ciencias Sociales. Más adelante descubrió su pasión interpretando los sueños, y continuó con su entrenamiento psicológico y místico.

Peter ha investigado los temas espirituales por más de 20 años y es un pionero de los viajes astrales y de la exploración del fenómeno sueño-consciente. En el año 1994 Peter tuvo una experiencia extraordinaria donde fue comisionado por el Arcángel San Miguel. La misión de Peter fue como portador de la espada de la verdad que consiste en entrelazar la verdad del espíritu en palabras y melodías, de manera que le ayuden a alcanzar la paz y la comprensión divina en el interior de su vida.

Otro libro que recibí fue *Ángeles* de un prominente Evangelista cristiano, Dr. Billy Graham, original de North Carolina. Dr. Graham es considerado como uno de los lideres cristianos con más influencia del siglo 20, y expresa que los ángeles tienen mucha más importancia en la Biblia" de la que nosotros conocemos.

El Dr. Graham como muchos otros está convencido que en muchos momentos especiales de necesidad ha sido atendido por los ángeles. En una de sus famosas frases podemos leer: *"Los ángeles son siervos ministros que pueden aparecer o permanecer invisibles mientras realizan las tareas que Dios les asigna".*

En abril del año 2012 tuve la fortuna de asistir al evento *"Yo puedo hacer esto"*, *("I Can Do It")* una Conferencia Motivacional que se realizó en el Georgia World Congress Center, patrocinado por la Compañía de Publicidad Hay House, fundada por Louise L. Hay, una autora motivacional americana y quién participó juntamente con varios conferencistas internacionales en este importante evento.

Este evento tenía varios días de duración y todo fue gracias a la invitación que una amiga mía me hizo para asistir a uno de los días de esta conferencia, y este fue exactamente el día donde se presentaba el

Dr. Wayne W. Dyer, autor de muchos libros, incluyendo *El Poder de la intención*, Mariam Williamson, autora de *Un regreso al amor*, y el Dr. Brian Weiss, autor de *Muchas vidas, Muchos maestros*. El libro que yo estaba muy interesada en leer porque era sobre las vidas pasadas y este doctor Psiquiatra aplicaba sus terapias de regresión, pero usaba la hipnosis que es otra forma de sanar al niño interno.

Tuve la suerte de conocerlo en persona, comprar su libro y recibir su autógrafo en el mismo. Las charlas que estos autores ofrecieron fueron lecciones de todo desde relaciones, hasta transformación personal. Para mi esta experiencia fue otra muestra de la presencia de mis ángeles, y esta vez se hicieron presentes a través de mi amiga, quien me regalo la entrada a un día de este extraordinario evento motivacional.

Yo siento que los ángeles están presentes en todo lugar y momento, esperando para asistirnos cuando los necesitamos. Ellos son reales no son producto de nuestra imaginación como algunos piensan y fueron creados por Dios mismo, entonces la vida es buena si nosotros somos buenos con ella. Nuestros ángeles están siempre allí para guiarnos y ayudarnos en la vida, pero tenemos que creer en la divinidad dentro de nosotros o sea creer que poseemos esa partícula o esa pequeña chispa de la divinidad de Dios en nosotros.

Aprendamos a conectarnos con nuestros ángeles, ellos están al alcance de todos nosotros los seres del mundo, tomando un momento dentro de nuestro horario ocupado durante el día, solo necesitamos de 10 a 15 minutos al comienzo, hasta que establezcamos un hábito diario.

Durante este tiempo siéntese en algún lugar de la casa donde haya tranquilidad, donde esté seguro de que no tendrá distracciones o interrupciones. Luego comience a respirar con normalidad como normalmente lo haces, pero en esta ocasión va a poner atención a la manera de como respira, observando si la respiración es rápida, si es agitada, si es rítmica o pausada y continúe enfocándose solo en su respiración, poco a poco se va a dar cuenta que su respiración se va alineando y tranquilizando, logrando una respiración armoniosa y fluida con el ritmo normal de su ser.

Si usted nunca a meditado, este proceso tomara su tiempo porque todo en la vida es practica y práctica, y un consejo es que, si durante este tiempo vienen pensamientos a su mente, simplemente tome conocimiento de ellos, pero no se involucre sino obsérvelos y déjelos ir, volviendo nuevamente su atención a su respiración.

Este es un proceso muy efectivo que he aprendido para lograr tranquilizar mi mente cuando medito. Recién en este momento cuando nuestra mente está en blanco y tranquila momentáneamente podemos escuchar, porque el mensaje de los ángeles llega como un pequeño susurro y muchas veces puede ser a través de nuestros pensamientos, cuando esto sucede siempre hay una pausa, y puedes recibir una palabra en otras más de una palabra o quizás una frase, es importante que las escribas y continúa conectada, tranquila sin forzar nada, solo permitiendo que suceda.

Lo que sigue después es aceptar lo que hayas recibido, exactamente como lo escuchaste, la aceptación es muy importante porque estamos mostrando nuestra confianza completa al ser supremo Dios y de esta manera sabemos que hay ausencia del ego, no preguntas, no cuestionamientos, no planes no nada, te darás cuenta que ya no recuerdas nada después que lo escribiste. Finalmente, confía. Los ángeles no manejan nuestra vida solo nos darán guías para enseñarnos y darnos herramientas que tanto tu como yo y todos los demás seres necesitaremos a lo largo de nuestra vida.

No hay necesidad de hacer nada para conseguir lo que necesitas, recibirás más en la medida que progreses. Recuerda Los ángeles son regalos espirituales.

CAPÍTULO 10
SUEÑOS HECHOS REALIDAD

En el año 2004 comenzaba una nueva etapa laboral después de haber superado dos años y medio de prueba con un negocio fallido.

La vida continuaba normalmente con sus altos y bajos que son parte de ella, así que aparentemente todo seguía digamos en orden con salud, familia y amistades. En esta fase de mi vida lo primero que tenía que hacer era buscar trabajo para balancear mi situación financiera en este momento.

Así fue, que, gracias a la ayuda de una de mis amigas, me recomendó a una compañía de tarjetas de crédito, donde alguien que ella conocía era el Gerente del Departamento de colecciones. Nunca había pensado terminar trabajando en una de estas corporaciones, especialmente en colecciones donde ya el nombre sonaba un poco fuerte y el ambiente laboral no era muy agradable, lo bueno era que pagaban bien y yo necesitaba un trabajo ya. Me entrevistaron, pasé todos los exámenes y comencé a trabajar inmediatamente.

Luego de tener dos años y medio trabajando como representante para colectar los pagos de deudas con tarjetas de crédito, tuve la oportunidad de comprar mi casa. Con los intereses muy bajos era fácil comprar una casa sin cuota inicial y los pagos mensuales eran muy razonables. Esta era la tercera vez que intentaba comprar una casa, las experiencias vividas anteriormente no habían sido buenas y en ese momento supe que definitivamente no fue ni el momento ni el lugar para que se diera. Dios tenía algo mucho mejor para mí. En ese año del 2006 este país ya estaba viviendo una recesión.

Como es de costumbre los medios de comunicación a través de los periódicos, la radio, la televisión y revistas bombardeaban al público con noticias dramáticas sobre escasez de trabajo, compañías declarándose en banca rota, negocios pequeños cerrando por falta de liquidez, corporaciones despidiendo personal, y muchos otros trasladando sus negocios fuera del país.

Yo percibía más caos en el mundo, y fueron todas estas razones que me ayudaron a analizar y reflexionar dándome cuenta, que en realidad esto no era verdad. Yo creo que los medios de comunicación como periódicos, radio y toda plataforma de las redes sociales no divulgan los hechos reales, lo cual crea falsas ideas de lo que verdaderamente está pasando.

Como educadora que soy me mantengo informada de diferentes maneras como escuchar conferencias y charlas de personas que inspiran con sus trabajos y con sus logros personales, personas genuinas que aportan con su trabajo, conocimiento y tesoro al beneficio del mundo. Leyendo libros y artículos de contenido educativo y crecimiento personal de quienes puedo aprender o copiar cosas buenas que me ayuden a seguir creciendo.

La manera como se manejan los medios de comunicación es para manipular las mentes de todos nosotros los seres humanos. Me di cuenta de que era mejor enfocarme en la verdad en lo que vivo cada día en mi vida y con los demás, enfocándome en mi interior y decidí no ver más noticias. Lo único que hacen es darnos más preocupación y ansiedad de ver y escuchar todo lo malo que sucede allá afuera en el mundo.

Creo firmemente que hay muchas cosas buenas, positivas y admirables que suceden en el mundo exterior pero que nadie se enfoca en esto ni tampoco tienen interés de publicarlo o divulgarlo de la misma forma que lo hacen con las noticias negativas. Esto es simplemente porque las buenas noticias no son tan lucrativas para estos medios. Pero todo lo que sucede bueno o no muy bueno tiene una razón, "es lo que es" ilusiones creadas por nuestra mente demente, como se lee en el libro Un Curso de Milagros.

Inicié la búsqueda de mi casa en diciembre del 2005, enfocándome siempre en la parte positiva y segura que el siguiente año el 2006 compraría mi casa; comencé con los trámites, la lista era interminable de todos los requisitos que las compañías de bienes y raíces solicitan para la compra de una casa. Para comenzar mi crédito estaba en una de sus peores situaciones, especialmente después que me había declarado en bancarrota, y mi ingreso mensual era bueno para mí, pero no para los bancos, quienes iban a financiar mi crédito para la compra de este inmueble.

Una amiga mía me recomendó a un agente de bienes y raíces, quién le había ayudado a comprar la suya. Una persona con mucha experiencia, honesto y muy serio en su trabajo. Él me ayudó presentamos la aplicación al banco que de acuerdo con mis ingresos solo podía comprar una casa usada con un valor hasta de $95,000 dólares.

Esto era lo máximo que el banco podía aprobar. Seguimos visitando casas aquí y allá, pero no encontraba nada que me satisficiera o que al menos me sintiera atraída con alguna casa que visitaba.

Pasaron dos meses y no encontraba nada. Durante ese tiempo yo soñaba con mi hermosa casa nueva, y previamente había hecho mi mapa del tesoro, esto es algo que aprendí hace mucho tiempo. Aprendí a cómo visualizar y poner acción en las cosas que uno quiere materializar escribiendo con información detallada de como quería mi casa.

Recuerdo que había escrito algo como esto: mi casa tiene ventanas grandes, donde la luz y el sol entran hermosamente en las mañanas cuando despierto, con pisos de madera de cedro y tres dormitorios. Mientras soñaba en mi casa nueva, muy ilusionada, vino a mi mente el nombre de una vieja amiga que trabajaba en bienes y raíces pero que hacía mucho tiempo que había perdido contacto con ella y no tenía su teléfono.

Pensé que quizás ella podría hacerme un estimado con el banco donde ella trabajaba en ese entonces, que fuera mejor al que yo había adquirido. En ese mismo momento me di la tarea de buscar en la pila de tarjetas viejas que tenía, soy una persona que le gusta guardar algunas cosas que considero útiles solo por precaución, seguí buscando y de repente ¡bingo! allí estaba su tarjeta.

La llamé pensando que ella mantenía el mismo número, después de algunas timbradas alguien contestó y que agradable fue saber que ella seguía trabajando para el mismo banco, hablamos y rápidamente le expliqué todo, dos horas más tarde yo tenía el estimado del banco donde podía comprar hasta $150,000 dólares. No podía créelo, nuevamente la mano divina estaba allí guiándome en el camino correcto.

Esta guía siempre está allí donde quiera que estemos o doquiera que vayamos, Dios está. Después de esto coordiné con mi agente y en enero del año 2006 nuevamente salimos a ver las casas. Recuerdo que estábamos manejando en dirección al norte porque íbamos a ver una casa usada en Marietta. Estábamos en la autopista 41 Cobb Parkway y de repente veo un aviso grande que decía: Casas Nuevas por Estrenar desde $150,000 dólares.

—¡Mira ese aviso, vamos a verlas! dije a mi agente,

—Él inmediatamente respondió no, no lo considero apropiado. Has visto el precio, es imposible, son casas nuevas.

—Está bien por favor vamos a verlas no perdemos nada.

Sin tener muchos deseos él aceptó.

Llegamos allí y hablamos con la vendedora encargada, después de una breve conversación me pidió el estimado del banco, se lo mostré juntamente con todos los documentos que ellos requerían y luego de unos minutos de espera, la agente nos mostró la casa modelo. Esta lucía hermosa porque estaba con todos los muebles, decoraciones, plantas etc., se veía muy linda y atractiva.

Luego revisó el mapa y sólo había dos casas disponibles en esta subdivisión. Fuimos a ver la primera que estaba ubicada en una esquina, pero no me gustó porque en la parte de atrás de la casa, había un declive y ese día estaba lloviendo mucho, el agua estaba empozada en esa parte, no me pareció bueno porque cada vez que lloviera iba a tener el mismo problema. Luego fuimos a ver la otra casa, ésta estaba ubicada en medio de la calle principal exactamente una de las penúltimas en esa calle.

Cuando la Agente abrió la puerta entré corriendo en ella, era espaciosa y lo primero que vi fueron las ventanas grandes frente a mi dónde la luz se reflejaba a través de esta e iluminaba la sala.

Subí al segundo piso y encontré lo mismo, las ventanas grandes en las recamaras, sentí que esta casa era parte mí, tenía la sensación de que ya había estado aquí anteriormente y mi corazón me decía: "esta es tu casa", a lo que contesté internamente," sí, si gracias, Dios, eres hermoso y perfecto".

Mi agente me miraba atónito, como que yo había perdido la cabeza, y al mismo tiempo que la vendedora me preguntaba:

—¿Qué le parece?, ¿Le gusta?

—Mi respuesta fue instantánea, claro que sí, me encanta, ¿Qué tengo que hacer?

En el camino de regreso a las oficinas mi agente preguntó:

—¿Te das cuenta de lo que estás haciendo?, tú sabes que no puedes comprar esta propiedad porque el precio base es de $150,000 dólares y este subirá con las adiciones que la casa necesita.

—No se preocupe todo está bien respondí. Permítame responder y verá que todo saldrá bien.

Después de unos minutos comenzó el proceso de compra que duró casi todo el día, llegamos allí como a las 10:00 de la mañana y salimos a las 6:00 de la tarde. Fue un día muy intenso porque pasó de todo aquí, yo terminé negociando con la vendedora de esta propiedad, y mi agente se quedó mudo de todo lo que logré.

Primero, mi crédito estaba dañado por la bancarrota, y los tres reportes de crédito mostraban bajo puntaje por lo que el interés era muy alto.

Segundo, mi ingreso no era suficiente, estaba casi al borde para la aprobación de este crédito.

Tercero, ellos no querían aceptar el estimado de mi banco, ellos querían que yo aplicara directamente con ellos y solicitaban que otra persona aplicara conmigo como Garante para completar el total de ingreso mensual que se requería para la aprobación del crédito.

Cuarto, solicitaban la entrega de $2,000.00 para separar la casa y yo no tenía la disponibilidad de esta cantidad, solo contaba con $1,000.00 en mi cuenta corriente.

Quinto, la lavadora y secadora no estaban incluidas en el paquete de beneficios que ellos ofrecían por la compra de una casa por primera vez.

Sexto, había que seleccionar las adiciones en la casa, como granito o cemento en el mostrador de la cocina, piso de madera o losetas en los baños y cocina, puerta de baño de vidrio con bisagra o corrediza de aluminio, cañerías de cobre o de plástico etc. Después de escoger las adiciones el precio de la casa subió a $163,000 dólares.

A todo esto, mi agente reaccionó y dijo:

—Realmente estamos perdiendo el tiempo aquí, tu no estas siendo razonable".

—Respondí tranquilamente, todo está bien, esperemos buenos resultados.

Como pueden ver, había muchas cosas que parecía no estar a mi favor, pero yo estaba tranquila confiada que todo esto se tornaría positivamente y era solo momento de dar tiempo al desenvolvimiento de todos estos puntos uno por uno.

Es así como comenzó todo a caer en su propio lugar. Acepté aplicar directamente con ellos y les mencioné por adelantado que mi crédito no era bueno porque todavía tenía un récord negativo a consecuencia de la bancarrota que había presentado en el año 2003 por motivo de la perdida de mi negocio, y que aceptaba cualquier resultado de este, sea que lo aprueben o no.

Como era de esperar los resultados fueron negativos, no aprobaban el préstamo porque además de la banca rota no tenía suficiente ingreso con la forma W2. Esta forma es la que usan los empleadores para retener los impuestos sobre los salarios.

La vendedora trajo los resultados y me comunicó que lo sentía mucho pero que no fue aprobado.

Respondí, con una sonrisa amplia, dándole las gracias por su tiempo y ayuda y que estaba bien porque realmente no tenía urgencia de comprar en este momento, yo esperaré que mi situación mejore y quizás aplicaré en un futuro cercano.

La expresión en la cara de la vendedora cambió repentinamente, diciendo: —Oh no Señora déjeme ver qué puedo hacer, estoy segura de que hay otros bancos que quieren trabajar con nosotros y no perdemos nada consultando, además me gustaría preguntarle si usted tiene algún ingreso adicional que pueda ayudar a su ingreso mensual.

Respondí que sí, y recordé las pocas clases privadas de español que tenía.

—Doy tutorías en español dije. Preparé un documento rápido con un monto aproximando sobre esto y se lo entregué.

En este momento me di cuenta de la urgencia que tenían de vender, y por supuesto harían lo que sea necesario para no perder al cliente. Ahora yo era un cliente en potencia.

Pasaron como unos 30 a 40 minutos de espera, y claro mi agente no estaba muy contento que digamos.

La vendedora regresó con una sonrisa amigable diciendo: —Usted tiene suerte aprobaron el préstamo.

Respondí, —grandioso, que bueno.

—Aquí están los documentos para la firma.

Si alguno de ustedes ha comprado una propiedad sabe exactamente la cantidad de papeles que hay que firmar y esto es un paquete de 80 a 100 páginas. Las instrucciones son siempre: firme aquí, aquí, y también aquí. Con mucho respeto respondí que agradecería si primero me deja leer, porque quería estar segura de que la información estaba correcta como lo habíamos discutido antes porque yo no era muy buena con las sorpresas.

Mi agente y yo comenzamos a leer y revisar los documentos en los que encontramos montos extras que tenía que pagar como $800.00 dólares de la lavadora y secadora, $300.00 dólares por la puerta de vidrio del baño y muchas otras adiciones que no se habían discutido antes.

Mi agente dijo: —Estos gastos extras no han sido mencionados en ningún momento de las conversaciones de compra y venta.

—Estoy de acuerdo.

Por esta razón decidí no continuar con los tramites de compra porque realmente sentí que ellos no eran honestos. Además, yo no tenía ninguna intención de pagar nada extra, porque no disponía de estos fondos.

Le recordé a la vendedora que ella estuvo de acuerdo en que los gastos de la lavadora, secadora y la puerta de vidrio del baño se considerarían en el paquete de beneficios que estaban ofreciendo por la compra de la casa, pero en los documentos decía bien claro que estos gastos serian cubiertos por la compradora. Conclusión: Realmente no me interesaba comprar ahora.

De inmediato se acercó primero el Supervisor y luego el Gerente para explicarme y disculparse por el error en la información del contrato de compra y venta, diciendo que no me preocupara porque todos estos gastos son parte del paquete de beneficios.

Procedieron a hacer las correcciones en el contrato, y nosotros continuamos revisando el resto de los documentos hasta que llegamos a la parte donde decía que reciben la cantidad de $2,000.00 como depósito para separar la casa. Hicimos una pausa.

Dije que lamentablemente no tenía este dinero disponible y solo contaba con $1,000.00 en mi cuenta corriente y que con mucho gusto podría escribir el cheque ahora mismo.

En este momento se inició una pequeña discusión entre ellos.

Supervisor: —No podemos recibir esta cantidad.

-Gerente: —¿Tiene a alguien que le preste el dinero?

Vendedora: —Lo siento no podemos continuar con el proceso si no paga los $2,000 dólares.

Mientras ellos deliberaban y discutían al respecto, yo solo pensaba, gracias, Dios, gracias, todo está bien, tu estas a cargo, confió en ti.

De pronto, hubo un silencio, levanté la mirada y todos se quedaron en silencio.

Me levanté de la silla y rompiendo el silencio, dije: —No saben cuánto agradezco su ayuda, su tiempo, y su buena voluntad en ayudarme, pero veo que este no es el tiempo de compra, así que estaré en contacto y quizás más adelante podamos hacer negocio.

Luego de unos minutos el Gerente dijo: —Señora está bien aceptamos su cheque por los $1,000 dólares, no veo que esto sea un impedimento para la compra.

Hasta este momento ya eran casi las 5:00 de la tarde y realmente estábamos cansados, pero al mismo tiempo contentos porque las cosas iban saliendo y desarrollándose positivamente, todo en su momento. Ese día, salimos de allí a las 6:30 de la tarde con la llave de la casa en la mano. Feliz, maravillada por todo lo que me estaba pasando y agradecida y bendecida por la ayuda divina.

Hice posesión de mi casa el 6 de febrero del 2006. Todo fue un proceso hermoso de aprendizaje y confiar en esa presencia divina que es Dios, teniendo Fe en lo que hacía. Todo iba muy bien, pero en abril del mismo año perdí el trabajo, la recesión iba en aumento y la compañía donde trabajaba cerró sus oficinas y trasladó su negocio a la India y Filipinas; de la noche a la mañana me vi desamparada, sin trabajo y con un préstamo bancario que pagar.

Gracias a la recesión no era fácil encontrar trabajo, estuve un año y medio sin trabajo, pero nuevamente la presencia de Dios estaba siempre allí cuando más lo necesité, de alguna manera siempre aparecían en mi camino trabajos temporales ya sea, de limpieza, dando clases de español, haciendo traducciones e interpretaciones, cuidando niños etc., y al final del mes tenía los ingresos necesarios para pagar mis cuentas personales. Así estuve todo este tiempo y claro seguía mandando mis resumes a muchas compañías por Internet, pero sin ningún resultado positivo.

ENCONTRÉ MI VOCACIÓN

Este tiempo me ayudó mucho para revisar dentro de mí, analizar lo que había estado haciendo hasta ahora y definir qué es lo que más me gusta hacer. Cuál es el trabajo donde yo pueda pasar tiempo sin que me moleste o afecte mental o emocionalmente, algo en el cual disfrute y exprese mi pasión al hacerlo, fue así como descubrí mi verdadero propósito en este hermoso planeta tierra, este es "Educar", el área de la educación.

Con esta idea fresca en mi mente de que yo sería una buena maestra o instructora, comencé por cambiar mi resumé completamente enfocándome en el área de educación. Busqué ayuda para crear un buen resumé resaltando relevante experiencia como maestra, el único lugar donde había trabajado era en un instituto de idiomas muy conocido internacionalmente en el cual había aprendido mucho sobre las técnicas y reglas de enseñanza.

Sucedió que justo después de una semana que había terminado mi nuevo resumé, recibí una llamada telefónica de una amiga que había conocido cuando trabajaba en el instituto de idiomas pero que había perdido contacto con ella.

Ella estaba trabajando en una universidad prominente en Atlanta, enseñando inglés e italiano.

Me preguntó: —¿Estás trabajando?

Contesté: —No, todavía no he encontrado nada.

—No te preocupes, ya tienes trabajo, pensé en ti y te referí a la directora del programa aquí donde estoy trabajando.

Continúa diciendo, —están necesitando una maestra de español para el programa especial: "Educación continua para adultos", manda tu resumé mañana mismo y te llamaran para la entrevista.

Exactamente así sucedió a la semana siguiente recibí una llamada, y tuve la entrevista. Todo iba muy bien con la entrevista hasta que mencionó:

—Hay algo importante que debes hacer como requisito para esta posición, y es dar una lección en frente de un jurado.

Cuando escuché jurado me imaginé de inmediato que serían personas muy preparadas con mucha más experiencia que yo en el tema de la enseñanza. Por un momento sentí temor, pero luego me dije a sí misma, está bien yo soy muy buena enseñando y contesté con entusiasmo, perfecto claro que sí.

Me pidió darle unos minutos para hablar con las personas correspondientes a este tema y regresó después de unos minutos diciendo: ¿adivina qué? Realmente me has convencido con tu entusiasmo, seguridad y conocimiento como instructora, así que consideramos que no es necesario hacerlo, me has convencido, estás contratada.

Esto me dio una gran alegría, fue maravilloso, lo considero un milagro. Comencé a trabajar para esta universidad en octubre del año 2007. Casi al mismo tiempo fui a visitar a mi empleador anterior para quién había trabajado como Asistente personal muchos años atrás, y ella trabajaba ahora en una escuela privada como encargada del Departamento de idiomas.

Me alegró mucho saber que ella tenía una maestría en español y trabajaba en esa escuela.

Durante la conversación le conté que estaba buscando trabajo porque solo tenía un medio tiempo que había comenzado unas semanas antes en una de las universidades aquí en Atlanta. Ella me invitó a aplicar porque la escuela tenía una vacante de medio tiempo para enseñar español en la escuela secundaria. Todo fue tan rápido y hermoso que a las dos semanas de esto me llamaron para confirmarme que había sido contratada y comenzaría a trabajar de inmediato.

Ahora yo tenía mi trabajo de tiempo completo en estos dos maravillosos lugares que Dios tenía designado para mi hacía mucho tiempo atrás pero que era necesario que yo pusiera acción, ¿Cómo? trabajando en mí para encontrarme a mí misma y poder reclamar los regalos que Dios tiene para cada uno de nosotros, sus hijos únicos.

Realmente encontré mi vocación, cuando tomé la decisión y puse a trabajar mi pasión y mi profesión; y lo más importante, tomé acciones enfocándome en lo que amo hacer y descubrí mi pasión por enseñar.

Agradezco con mucha gratitud el regalo de la vida y celebro constantemente mi trabajo, lo que amo y disfruto hacer enseñar, educar, dar lo mejor de mí. Puedes imaginar la respuesta del universo cuando todos tus pensamientos están alineados en agradecimiento hacia la vida, es un momento donde la magia sucede. Y es probablemente el mayor secreto para hacer realidad lo que deseas.

CAPÍTULO 11
BENDECIDA EN PLENA RECESIÓN

En agosto del 2007, un escalofrío recorrió al mundo porque se produjo la gran recesión financiera en Estados Unidos. La crisis financiera produjo fuertes episodios de pánico bancario y quiebra de muchas entidades financieras. Realmente esta situación comenzó mucho antes porque gracias a este evento fue que perdí mi trabajo en abril del 2006, cuando muchas compañías trasladaron sus negocios y corporaciones fuera del país, como: India, China, México y otros.

La compañía de tarjetas de crédito donde yo trabajaba fue una de las primeras que cerró sus puertas y movió sus negocios a la India.

Fue un suceso inesperado, todo pasó de la noche a la mañana como dice un viejo proverbio chino, causando mucho malestar e incertidumbre a toda la masa trabajadora no solamente a nivel personal sino familiar causando estragos financieros en la mayoría de los hogares.

ADQUIRÍ UN AUTO NUEVO EN PLENA RECESIÓN

Sorpresivamente me quedé sin trabajado y solo habían pasado dos meses de haber adquirido mi casa en febrero del año 2006. Otra situación que venía considerando con anterioridad era la de cambiar mi auto, un Toyota Corolla del año 1987 que necesitaba un cambio urgente. Había una buena razón para esto, estaba teniendo varios problemas. Varias veces me había quedado en medio de la autopista y en algunos casos fue de noche. El auto tenía más de 13 años de vida y más de 250,000 millas, a la vista se podía deducir que era necesario un cambio. Este era mi única herramienta de trabajo. En este momento, estaba atravesando una serie de situaciones adversas, retos de vida, que honestamente no entendía por completo cuales eran las razones ni por qué sucedían.

Estaba sin trabajo, tenía un pago mensual de la hipoteca de la casa y por supuesto una lista de facturas por pagar, electricidad, gas, teléfono, seguro de auto, seguro de casa y muchos otros. A pesar de todo esto, sentía una confianza interna, sabía que debía seguir fortaleciendo mi fe puesta en Dios.

En el fondo de mi corazón sentía tener la certeza que esa presencia divina estaba allí conmigo, y que de alguna forma llegaban a mí con pequeños trabajos, ya sea con una llamada telefónica de alguien que me había recomendado, o recibía un email de un estudiante a quién le había dado clases anteriormente y en otras ocasiones me encontraba de repente con un conocido o amiga que tenía un mensaje para mí relacionado a un trabajo temporal de momento como: traducciones, limpiezas de casas, interpretaciones, clases privadas de español, y muchas veces me solicitaban como niñera para cuidar niños de mis amigas y al final del mes tenía para cubrir todas mis necesidades básicas.

Continuaba mandando resumes como volantes, no recuerdo cuántos mandé en todo ese tiempo, pero el resultado no era nada alentador, hasta que llegó el momento que era necesario comprar un nuevo auto. Meditando sobre esto, recibí un mensaje interno. El mensaje me guió a poner por escrito una nota, donde debía considerar la marca del auto, el año, el tipo de interés que yo deseaba, el monto que yo quería obtener por mi auto para darlo como parte de pago. También considerar el monto mensual que yo podía pagar en ese momento, considerando que no tenía un trabajo seguro, y finalmente el número de años para pagar el préstamo.

Llevando esta nota, comencé a visitar los concesionarios de ventas de autos, y cada vez que iba, hablaba con un vendedor y solo le decía:

—¿Estas listo para vender un auto hoy?

Inmediatamente respondían: —Si, por supuesto.

Luego, mostraba la nota diciendo: —Estos son los términos con los que me gustaría considerar para la compra del auto.

—Está bien, déjeme ver. Pocos minutos después primero miraban mi auto, se sonreían y decían:

—Lo siento señora solo puedo darle $300.00 dólares por su auto, pero no $1,000.00 como usted considera en su nota.

Siempre respondía: —Perfecto gracias, recogía mi nota y salía.

Mientras me alejaba, ellos continuaban diciendo: —Señora escuche, su auto tiene 13 años de vida, es muy viejo, y tiene una puerta de diferente color.

Si era verdad porque anteriormente había tenido un choque y por falta de recursos no había podido pintarlo. Así que mi auto era un Toyota Corola, color rojo con una puerta de diferente color, (Gris) y con más de 260,000 millas. Pero lo más interesante era que cada vez que solicitaban mi reporte de crédito, este tenía en primera plana "Bancarrota" su reacción era más divertida, y la respuesta era siempre una negación.

Pero nada de esto me intimidaba, yo seguía intentando y me decía a mí misma, está bien, la próxima o quizás la próxima.

Soy una persona persistente. Estuve haciendo esto cada vez que tenía tiempo, normalmente los fines de semana por casi seis meses. Lo consideraba como un pasatiempo, hasta que un fin de semana una amiga vino a visitarme porque teníamos que hacer algo juntas ese día.

Cuándo terminamos ella me pregunto: —¿Qué quieres hacer?

Respondí: —¿Te gustaría acompañarme a un Concesionario Toyota en Marietta, que aún no he visitado? Tengo el presentimiento que allí voy a comprar mi auto hoy.

Mi amiga feliz acepto y sugirió ir en un solo auto ofreciendo el suyo, llegamos y la primera persona que vimos fue una vendedora.

Saludé cordialmente, y le pregunté, —¿Te gustaría vender un auto hoy?

Su reacción fue rápida y con mucha seguridad respondió: —Si, ¡por supuesto!

Saqué mi nota y se la mostré, esto deseo considerar en la compra del auto.

Ella leyó la nota y dijo: —claro que sí, déjame trabajar en esto. ¿Por qué no? ¿Verdad?

Esta fue la señal más clara que Dios me estaba dando y pensé, este es el lugar, hoy compro mi auto.

Nos atendió muy amigablemente, nos acompañó a la sala de espera nos ofreció café y dijo: siéntanse cómodas, voy a ver a mi Gerente y empezaremos a trabajar.

Legamos allí casi a las 11:30 de la mañana, y quiero decirles que aquí pasó de todo un poco. Momentos agradables, discusiones, desacuerdos, alegrías, momentos cómicos y mucho más, y cada vez que se acercaban para darme buenas noticias según ellos, éstas no iban acorde a las condiciones que había propuesto y siempre respondía, con una sonrisa de agradecimiento por su trabajo, y al final decía, está bien quizás hoy no es el momento correcto para la compra, está bien muchas gracias.

Yo intuía que mi respuesta era cada vez más atractiva para ellos porque su meta era vender y tenían a un cliente potencial. Ellos siguieron trabajando hasta que encontraron un banco que aceptó financiar el préstamo, seguimos negociando el pago mensual, el porcentaje del interés que yo había sugerido, la duración del préstamo y los $1,000.00 dólares que yo estaba pidiendo por mi auto para dejar este monto como parte de pago.

Eran casi las 4:00 de la tarde y hasta este momento ellos no habían visto mi auto todavía, porque yo había ido en el auto de mi amiga. Todo siguió su camino que estaba destinado a pasar y una vez que estuvimos de acuerdo y casi listo para firmar el contrato, uno de los empleados se acercó y dijo:

—Señora necesito la llave de su auto, debo revisarlo.

Respondí: —¡Ah! ¡pero mi auto no está aquí, lo tengo en mi casa, si me das unos minutos voy y lo traigo.

Con una expresión entre sorpresa y picardía respondió: —¡Claro que sí, tome su tiempo!

De inmediato regresamos a casa, mi amiga y yo veníamos riendo de alegría y felicidad en el camino, porque no podíamos creer lo que me estaba pasando, todo parecía como sacado de una película de drama con un final maravilloso. Llegamos a casa, entre las dos limpiamos rápidamente el auto y regresamos al concesionario, entregué la llave al empleado lo encendió y se lo llevó manejando para revisarlo.

A cabo de 15 minutos regresó y me dijo: tiene razón, su auto está en buenas condiciones, y corre muy bien; luego de esto pasaron 30 minutos más, finalmente todo estaba listo para firmar el contrato y por supuesto consideraron los $1,000.00 por mi auto. Eran las 6:30 de la tarde cuando salimos de allí y yo tenía la llave del auto un Toyota Corolla 2008 en mis manos.

Fue una experiencia extraordinaria todo tenía una razón de ser y ésta era la manera en la cual todo esto se desarrollaría. Habíamos pasado casi todo el día allí, pero valió la pena. Teníamos tanta hambre que teníamos que comer porque no teníamos nada en el estómago. Era ahora de cenar para celebrar este milagro maravilloso.

¡El Instinto es algo que trasciende el conocimiento! - Nikola Tesla

AL BORDE DE PERDER MI CASA

La economía seguía con sus altos y bajos, y los intereses en la hipoteca de mi casa eran muy altos y surgió la necesidad de buscar alternativas para reducir el pago mensual de la hipoteca. Buscando siempre nuevas maneras y también ayuda para poder continuar haciendo mis pagos, una amiga me recomendó los servicios de una compañía de ayuda al consumidor con la cuál ella había tomado los servicios y la estaban asesorando y ayudando con su casa.

Una vez que conversamos y tuve la información y contacto de la persona que le llevaba su caso, decidí tomar sus servicios y firmé un contrato con ellos el 5 de mayo del año 2011, para que me ayudaran con la modificación de intereses en los dos préstamos que tenía.

Desafortunadamente esta compañía resultó ser una estafa completa. Fue una pérdida de tiempo y de dinero, porque este grupo de individuos que formaban parte de esta empresa, eran terribles, actuaban con mentiras, falsas promesas, falsificaban documentos del banco con quien yo tenía la hipoteca, y todo fue una pesadilla.

Constantemente llamaba para saber cómo seguía el caso, nadie respondía los teléfonos, cambiaban de personal todo el tiempo y nunca se sabía con quién hablar o quién tenía el caso. Todo esto continuó igual y honestamente no sabía que hacer o a quién acudir por ayuda, hasta que el 26 de enero del año 2012 recibí una carta anunciando que todo el personal anterior ya no trabajaba más con ellos y que la compañía había cambiado de razón social y ahora tenía nuevos accionistas.

Al final de la carta había una nota que decía: en caso de que alguno de los clientes decidiera continuar con los servicios de esta nueva administración, tendrán que ajustarse a las nuevas regulaciones y tarifas. Cuando leí esto, me quedé atónita, sentí un nudo en la garganta, por el coraje que sentía sobre esta situación. Pensé que esto era el fin y que en cualquier momento perdería mi casa. Pero nuevamente la presencia de Dios estaba allí conmigo y luego de un momento reaccioné y sentí que debía ir a esa oficina y demandar que alguien de la empresa respondiera sobre esto.

Tomé valor, me preparé y salí con destino a esta oficina, y lo que encontré fue un cuadro muy triste, mucha gente estaba fuera y dentro del edificio hablando, discutiendo y muchas madres de familia con sus niños llorando sin saber que hacer, completamente desconsoladas y atadas de manos y pies porque la mayoría eran hispanos y no hablaban inglés.

Desafortunadamente no se pudo hacer nada allí porque no había nadie con quien hablar, solo un aviso muy grande en la puerta diciendo: Cerrado – Nueva Administración.

Cuando salí del edificio vi a todas esas familias indefensas, desesperadas que creyeron en esta gente al igual que yo y que pusieron todas sus esperanzas para salvar sus casas, prestando dinero, endeudándose para pagar las tarifas que esta gente sin escrúpulos cobraba por cada caso. Los precios variaban de acuerdo con el caso del cliente y si no hablaba inglés era peor, no había uniformidad con los precios.

La cruda verdad fue que esta gente abusiva sin ética profesional cobraba montos altos a las personas que habían comprado sus casas usando solo un número de Identificación porque no tenían seguro social, ya que la mayoría no tenía estado legal.

Todo esto despertó en mí el deseo de hacer algo más y ayudar a toda esta gente. Salimos todos y cuando estuvimos fuera del edificio conversé con ellos explicándoles que si nos uníamos todos podíamos denunciar este abuso y luego ver si podíamos llevarlo a la corte.

Después de un momento de conversaciones, puntos de vista e intereses de cada uno de ellos, decidieron que sí deseaban unirse y defender juntos este problema. De esta manera fue que tomé la decisión y responsabilidad de representar a este grupo de gente. Todos y cada uno de ellos me proporcionaron sus nombres y teléfonos, que era lo que yo necesitaba para hacer la lista de todos los involucrados y hacer la denuncia policial primero.

Me sentía triste e impotente escuchando cada historia que describían, eran honestos y se expresaban naturalmente, fue como que encontraron confianza en mí y creo que de alguna forma les ayudaba a soltar la rabia, frustración y decepción que sentían, al saber que había alguien que los escuchaba.

Fue una mezcla de emociones encontradas, ellos narraban con detalle la secuencia de sus casos desde que iniciaron los servicios con esta compañía, el tiempo que tenían con ellos, el dinero que habían pagado, el tiempo perdido inútilmente sin tener respuestas concretas, muchas veces perdiendo sus horas de trabajo, ya que los hacían esperar por horas en la oficina, con el engaño que estaban revisando su caso, siempre con resultados negativos, cada caso era una historia conmovedora.

Tan pronto como terminé, llamé a la policía, y todos esperamos allí. Al cabo de unos 10 a 15 minutos la policía llegó y fui yo quien habló con ellos en representación del grupo. La oficial de policía escuchó, verificó que realmente las oficinas estaban cerradas con el anuncio pegado en la puerta, hizo varias peguntas y luego se dirigió a todo el grupo recomendando que regresemos todos a casa, y que yo podía recoger el reporte policial en dos días. Esto fue todo lo que la policía hizo. Luego de esto, me dije a mí misma: "Bueno al menos tenemos una denuncia".

Pasaron algunos días, y la mañana del día 7 de febrero del año 2012 recibí una llamada del detective de la policía del Condado de Dekalb, anunciando que había recibido la denuncia que presenté y deseaba tener una reunión al respecto. Me citó para el 9 de febrero y recomendó que llevara todo documento o evidencia que sustente este caso.

Llegó el día de la cita y por supuesto lleve toda la información que tenía. Contrato del servicio sobre modificación de préstamo, recibos del pago adelantado y los pagos mensuales, carta de confirmación del proceso con el banco quién tenía la hipoteca.

Luego de una breve conversación el detective, una persona muy formal, educada y respetuosa tomó el folder, dio una ojeada, se detuvo en cada documento al mismo tiempo que movía su cabeza como diciendo: "Sí, lo sé, entiendo".

Pero una vez que terminó cerró el folder y muy detenidamente se dirigió a mí y dijo:

—No sabe cuánto lamento que esto le haya pasado a usted y a este grupo de personas, pero desgraciadamente no hay nada que se pueda hacer en contra de este grupo de estafadores porque ¡la estafa! aquí en el estado de Georgia no se considera un delito criminal.

El oficial tuvo la delicadeza de mostrarme en el libro del Código Penal el articulo relacionado a la estafa, el cual leyó.

Realmente no podía creer lo que el Detective me decía.

Esta es la cruda realidad, lo único que se puede hacer, es solo notificarles y amedrentarlos, pero que realmente no sirve de nada porque ellos cierran sus oficinas de negocio aquí y se mueven a otro estado y comienzan de nuevo a estafar a gente inocente.

El Detective fue muy honesto y comprensivo y me contó su propia experiencia con este tipo de estafadores en un caso relacionado a este que le sucedió a su madre. El confesó diciendo que él actuó a nivel personal, enfrentándose a este individuo y dándole una lección que está seguro no le quedó más ganas de seguir estafando.

—Tuve que hacerlo para proteger a mi madre, pero realmente no le aconsejo que usted lo haga porque entonces podría perjudicarse.

—Mi mejor consejo —dijo— es que pueda hacer un reclamo con la oficina de Agencia de Protección al Consumidor - Clark Howard, o también hacer una publicación en los periódicos, esto ayuda porque alerta a los usuarios a no tomar los servicios de estas compañías fantasmas.

¿Quién es Clark Howard?

Para las personas que quizás no conocen o no han escuchado realmente quién es Clark Howard, aquí le dejo una pequeña información al respecto.

Clark Howard es un presentador de radio de un programa de entrevistas estadounidense y defensor de los asuntos del consumidor. Su programa de radio, El espectáculo de Clark Howard, tiene su sede en Atlanta, Georgia y es trasmitido por la radio WSB AM.

Howard ha sido coautor de varios libros con Mark Meltzer, quién es un periodista americano que ha escrito muchos libros sobre finanzas y consejos para ayudar a gente con límites financieros, temas sobre gastar y ahorrar dinero y principalmente protección al consumidor.

La mayoría de sus libros son guías que cubren la gestión general del patrimonio y del dinero del consumidor. Sin embargo, algunos se centran en el área de bienes raíces inteligentes.

El programa de radio es distribuido a nivel nacional. Sus consejos también aparecen en las columnas de los periódicos y programas de televisión. Algo muy importante que hace Clark Howard es advertir a los consumidores sobre las estafas.

Clark Howard es una persona que está involucrado en ayudar y apoyar organizaciones benéficas como Hábitat para la humanidad.

De esta manera fue como terminó mi gran intención de ayudarme a mí misma y a los demás. Salí de allí más tranquila y agradecida por el preciado tiempo, palabras, consejos y sugerencias que este ser protector de la ley se tomó para atenderme en este asunto. Tan pronto regresé a casa, tomé la lista y uno a uno llamé para darles la no muy buena noticia. Fue una experiencia muy lamentable pero no había más que hacer, solo reflexionar en nuestras acciones y aprender de nuestras experiencias, siempre viendo la parte positiva de las cosas, situaciones o eventos que cada uno de nosotros le toca vivir en este hermoso mundo que hemos creado.

Antes de cerrar este capítulo de pesadillas, la mayoría de las personas tenía una idea en común, y esta fue publicar el caso en uno de los periódicos hispanos más conocidos y leídos aquí en Atlanta, Ga. *El Mundo Hispánico*. Estuve de acuerdo y pensé ¿por qué no?, al final no perdía nada intentando hacer lo que pensaba. Pues bien, al segundo día, 10 de febrero, me contacté con una persona que yo conocía en ese periódico, le hablé del caso y de inmediato mandé por fax toda la información de la denuncia.

Como pueden ver así terminó este episodio de salvar mi casa y al mismo tiempo dar la mano a otros, pero sé que definitivamente había otro camino para mí a seguir, solo tenía que estar atenta a las señales de vida que se muestran en nuestro camino para obtener nuestro bien mayor. Hasta este momento ya habían pasado casi nueve meses, del problema de la estafa, había perdido dinero con esta compañía y no tenía ningún resultado, me sentía peor que antes frustrada y que había fallado otra vez.

Sin tener una dirección clara de que hacer, continuaba mandando resumes sin encontrar trabajo fijo estable, solo trabajaba temporalmente con contrato y algunas clases privadas, pero seguía sin poder cumplir con las cuotas de la casa.

Mientras tanto, el banco había pasado mi cuenta al departamento legal y recibía llamadas telefónicas constantes solicitando el pago inmediato y cartas y cartas notificándome que mi casa estaba ya en el proceso de Juicio Hipotecario, pero a pesar de todo este escenario frustrante, este tiempo estresante y preocupaciones sobre este asunto, yo confiaba y tenía fe que ese protector invisible estaba allí conmigo y que solo debía seguir confiando en Él y aumentar mi fe.

Orando y pidiendo guía divina, un día recibí un mensaje interno, muy claro que decía que buscara el consejo de tres personas que yo conociera que estén trabajando en el área de asesoramiento financiero o que estén experimentando lo mismo que yo, relacionado a hipotecas y lo más importante que sienta que esas personas pueden ayudarme.

Yo soy una persona que ha aprendido a escuchar y seguir los instintos de mi corazón al pie de la letra como se dice, inmediatamente vinieron a mi mente tres nombres, un amigo que trabajaba como asesor financiero, otra persona muy querida quien es un Líder espiritual en el centro espiritual donde asisto desde hace varios años y otra persona que alguien me refirió y trabajaba independientemente ayudando a llenar las aplicaciones para modificación de intereses en hipotecas. Él me había asesorado con la aplicación anterior, la cual había sido denegada por el banco

Tomé el teléfono y uno a uno llamé para exponer mi situación y pedirle sugerencia y consejos al respecto, de los tres, obtuve dos respuestas.

En ese entonces, el centro espiritual estaba pasando por un caso similar al mío. Tenían a alguien trabajando para la modificación de intereses en la hipoteca del inmueble, pero esa persona había resultado ser un estafador también. Por este motivo mi amigo el líder espiritual desafortunadamente no podía ayudarme con esto porque estaban en el proceso de dar solución a este problema.

Algo mucho mejor fue su consejo como líder espiritual, que consideré más valiosos que cualquier otra cosa, cuando me dijo que realmente meditara y pidiera claridad al Espíritu

Santo, sobre lo que verdaderamente quería respecto a la casa. Si valía la pena salvarla o dejarla ir confiando que hay algo mejor para mí en este difícil momento. Teniendo en cuenta su consejo me despedí y salí de su oficina con dirección de vuelta a casa.

La segunda respuesta vino de un buen amigo que era Asesor Financiero en ese entonces, quien me dijo: —Ven mañana a mi oficina con toda la información y yo te ayudo a presentar otra solicitud al banco.

De él aprendí que mientras tenga una solicitud vigente y en proceso, el banco no podrá hacer ninguna acción en contra del inmueble. Con estas respuestas positivas sentí que mi alma regresaba a mi cuerpo porque había nuevas alternativas para seguir trabajando en esta situación.

La noche anterior tomé tiempo para mí, dejando toda preocupación o pensamientos negativos fuera de mí, centrando y poniendo toda mi intención en mi ser interior y medité mucho en el consejo que recibí de parte del líder espiritual, pedí ayuda al espíritu santo que me guiara para ver claramente que es lo que quería hacer con la situación de mi casa. No recuerdo cuanto tiempo estuve en este momento santo de la meditación, pero recuerdo claramente que cuando terminé, tenía una imagen clara de lo que quería de la casa.

Durante la meditación, vinieron recuerdos claros sobre cómo compré esta casa. Como resultado del problema financiero en el año 2006, los bancos facilitaron la venta con una cláusula muy atractiva, que fue: los cinco primeros años, solo pagar los intereses, sin considerar una cuenta de depósito en garantía. Esto quería decir que el dueño de la propiedad debería pagar los gastos del seguro de la propiedad, y los impuestos federales y estatales independientemente. Yo estaba haciendo esto desde que compré la propiedad.

Claramente pude darme cuenta de que realmente esta propiedad no me pertenecía, no había pagado nada del capital y solo estaba pagando una cantidad como si rentara esta casa, entonces no tenía ningún valor recuperarla. Esto hice pidiendo a Dios que solo deseaba un lugar tranquilo donde vivir, y que pudiera tener un pago razonable de acuerdo con mis ingresos. Puse todo lo demás en sus manos.

Al día siguiente me sentía más optimista y estaba más confiada que todo lo que debía hacer ahora resultaría en algo positivo. Puse todos documentos en un folder y salí con dirección a la oficina de mi amigo el asesor financiero. Esto fue el 18 de marzo del año 2012. Todo comenzó, contesté todas las preguntas, mi amigo llenó la aplicación de modificación de hipoteca, se escanearon los documentos requeridos se adjuntaron a la aplicación, y se mandó por email directamente a la oficina financiera del banco correspondiente.

Mi amigo me sugirió, esperar siete días hábiles, para obtener alguna respuesta, de lo contrario yo podría visitar el banco. Le agradecí y salí de allí más positiva, había aprendido que mientras tuviera una solicitud en proceso, el banco no podría hacer nada en contra de la propiedad, esto me daba seguridad y tranquilidad.

Al cuarto día de haber presentado la solicitud, me levanté con un gran deseo de ir al banco, había soñado que yo estaba allí hablando con ellos, pero no recordaba todo el sueño, solo pequeñas partes donde me veía dentro del banco hablando con personas que eran súper amables y mostraban deseos de ayudarme.

Seguí con mi rutina normal del día, pero seguía sintiendo ese deseo insistente, escuchando que alguien me decía que vaya al banco, y les demuestre que tenía toda la voluntad y deseo de trabajar con ellos y que, si puedo pagar la hipoteca, con los ingresos de mi trabajo.

Fue tan real lo que sentía que decidí buscar en el internet la dirección porque no tenía ni idea a donde dirigirme. No era la oficina bancaria normal del banco, tenía que ir a la sede principal donde opera el departamento financiero e hipotecario del banco. Me di la tarea de buscar y finalmente lo encontré. Eran casi las 2 de la tarde, tomé la dirección los documentos que disponía, me arreglé y salí con dirección al banco. Tenía mucha seguridad en mí mismo, llegué, entré al edificio, no había nadie en la recepción, solo una hoja y pluma para registrarse, puse mi nombre y me senté a esperar.

Después de unos 15 minutos se acercó un joven más o menos de sus 35 años y me saludó muy cordialmente preguntando en que podía ayudarme.

Le expliqué la razón de mi visita y le dije exactamente lo que mi mensaje interno me había dicho que haga, estoy aquí para demostrarle al banco que si puedo pagar mi hipoteca y tengo los mejores deseos de trabajar con el banco y cumplir con los requisitos que el banco requiera en este aspecto.

Él respondió: —Claro que sí, pase por aquí y tome asiento mientras yo reviso qué se puede hacer.

Puso mi nombre en la pantalla de la computadora y mi historial apareció de inmediato. Verificó todos mis datos personales y prosiguió diciendo:

—Usted tiene una nueva aplicación en proceso. También tiene una aplicación anterior que fue denegada verdad?

Respondí: —Así es. Es la razón por la que estoy aquí. Le agradecería revisar la razón por cual fue denegada.

—La razón principal fue por falta de ingresos. Sus ingresos estuvieron casi al borde del monto que el banco requería para ser aprobada. Honestamente, no entiendo porque denegaron su solicitud, —afirmo él.

Luego de una pausa yo dije: —Exacto eso es lo que el banco dice, pero yo puedo demostrarle que sí tengo ingresos.

El banco considera solamente ingresos, a los que provienen con el formulario W2 que es un documento que reciben las personas que trabajan como empleados para una empresa.

—Tengo documentos que garantizan mis ingresos mensuales de trabajo independiente.

—¿Puede mostrarme los documentos?

Respondí: —Claro que sí.

En ese tiempo trabajaba por contrato con una Universidad y con una escuela privada medio tiempo.

Mientras él revisaba la nueva aplicación, y hacía algunas anotaciones, entabló una conversación muy amena y amigable, porque en una parte de la aplicación solicitaban récord de mis trabajos anteriores y apareció la compañía de tarjetas de crédito donde había trabajado. Resultó que él conocía mucho sobre este tipo de trabajo porque cuando fue más joven había trabajado en el departamento de colecciones también. Esto me dio más confianza y tranquilidad de que todo estaba en buen camino. Pasado un momento, se levantó y me dijo: —Espéreme aquí, ya regreso.

Pasaron como 20 minutos y finalmente regresó diciendo: —Perfecto creo que hay algo positivo que se puede hacer, esta es mi tarjeta, alguien la llamará en unos días, y en caso de que no reciba la llamada, por favor comuníquese de inmediato a mi número directo, no se preocupe hay muchas posibilidades de ayudarla.

Salí de allí dándole mi agradecimiento por el tiempo que se tomó revisando mi aplicación y los buenos deseos de ayudarme.

Pasaron los días, mi teléfono no paraba de sonar cada hora con las llamadas del departamento de colecciones y las cartas del banco que recibía por correo notificándome que la casa ya estaba en el proceso del juicio hipotecario, honestamente este tiempo fue muy preocupante y estresante, pero había puesto todo esto en manos de Dios, y sabía que se aproximaban mejores momentos con relación a esta situación de mi casa.

Normalmente no contestaba las llamadas telefónicas porque sabía que eran los del departamento de colecciones, con diferentes números comúnmente 1-800 de diferentes estados, pero ahora estaba pendiente por cualquier llamada porque no quería perder la oportunidad de la persona que me llamaría del banco como este joven me había dicho.

Recuerdo que fue un jueves en la tarde como a las 2:30 p.m., cuando me disponía a salir para mis clases en la universidad, cuando mi teléfono sonó, sin dudarlo contesté y bingo alguien preguntaba:

—¿Con la Señora Vilma por favor?

—Si, ella habla.

—Soy el supervisor del banco, —dio su nombre y dijo: —Estoy aquí para ayudarla, —repitió por segunda vez, —estoy aquí para ayudarla.

Se produjo una interferencia en la llamada, él dijo: —Lo siento señora, pero tengo que cortar ahora, la llamaré en unos minutos.

Me quede sentada, esperando de vuelta su llamada y después de 15 minutos que me parecieron una eternidad mi teléfono sonó nuevamente. Era él: — Señora tengo su aplicación conmigo y escuche con mucho cuidado lo que voy a decirle y tome nota por favor. Es necesario que prepare una hoja de los ingresos que percibe mensualmente, solo el nombre de las fuentes del ingreso y el monto de cada una, haciendo un total del monto que usted genera mensualmente. También es necesario que haga una carta con el formato que el banco requiere explicando las razones del por qué dejo de pagar su hipoteca.

Continuó y preguntó: —¿Alguna pregunta señora?

Un poco nerviosa respondí: —Sí, no tengo la mínima idea de cómo es el formato del banco para hacer esta carta, sería usted tan amable de darme una idea de cómo hacerla.

Él respondió: —Tome una pluma y un papel que le voy a dictar la carta.

Esto fue ¡asombroso!, yo no esperaba que él podía ayudarme con esto, como pude escribí rápidamente y cuando terminó dijo: por favor lea la carta para saber que esta correcta. Una vez terminado esto me pidió que mandara estos dos documentos a las 8:00 de la mañana del día siguiente, me proporcionó el número de fax y su teléfono directo, se despidió diciendo, no se preocupe todo está bien, deseo ayudarla.

Estas palabras resonaban en mi mente y corazón y sentía tanto agradecimiento por tanta bondad y generosidad de Dios en mi vida. Muy contenta fui a mi trabajo y cuando regresé preparé estos dos documentos exactamente como este Ángel humano de carne y hueso me había sugerido. A las 8:00 de la mañana del siguiente día, ya estaba en una oficina que provee servicios de fax para mandarlo, ya que no tenía uno en casa. Luego lo llamé para confirmar que recibió todo en orden.

Recuerdo que me dijo: —Muchas gracias, señora todo está completo, tendrá noticias nuestras muy pronto, mucha suerte, buenos días.

Dejé todo, y comencé a sentir como un bálsamo de serenidad que invadía todo mi cuerpo y este hacía que mis preocupaciones se desvanecieran sabiendo que los resultados serían mucho mejor de lo que yo esperaba. Noté que las llamadas de colecciones habían desparecido sin que yo me hubiera percatado, mi teléfono permanecía en silencio, estas señales me confirmaban que todo tiene un proceso y un tiempo determinado.

Pasó una semana exactamente después de este extraordinario evento cuando recibí una llamada del joven que me había atendido antes quien me dio su tarjeta personal y después de saludarme me preguntó: —¿Está sentada o parada? Le aconsejo que se siente porque le tengo una gran noticia, muy positiva, su modificación de hipoteca fue aprobada, ¡Felicitaciones!

Cuando terminó de darme la noticia, yo no pude detener el llanto de la alegría que sentía y tenía un nudo en mi garganta que no podía articular una palabra, pero respiré profundamente, soltando un poco esta emoción que abarcaba todo mi ser y le agradecí sinceramente.

Yo estaba segura de que fue él a quien Dios escogió para que interviniera y me ayuden con el proceso de la aprobación.

Todo el proceso duró casi tres meses y el 12 de junio del año 2012, estaba recibiendo un paquete por FedEx con la carta de confirmación de la aprobación y las instrucciones detalladas para comenzar a hacer los pagos por un periodo de prueba de seis meses, donde debía mandar los pagos en los días estipulados por el banco sin caer en retrasos.

Gracias a Dios así lo hice y luego de pasar esta prueba, el banco mandó una carta con toda la información sobre el interés que había sido modificado y los pagos que prácticamente se habían reducido casi al 50 por ciento menos del pago original y las nuevas estipulaciones relacionada al *escrow*[13] (una cuenta de retención) que esta vez el banco había creado.

Había que leer mucho en este nuevo documento de modificación de préstamo hipotecario porque lo que sucedió fue que se había producido un cambio en los términos del préstamo. Deseo mencionar que cuando adquirí la propiedad se estaba atravesando la recesión y crisis hipotecaria y los bancos aprovecharon esta situación para ofrecer la modalidad del préstamo hipotecario 80/20 sin tener que dar un pago como cuota inicial. Eran dos préstamos cada uno con su respectivo número uno con el 80% llamado préstamo convencional con una tasa de interés bajo y otro préstamo con el 20% llamado préstamo complementario con una tasa de interés más alto. Esta situación fue conocida como hipotecas subacuáticas o como comúnmente la gente lo llamaba hipotecas bajo el agua.

Considerando esto, quería saber que había pasado con el segundo préstamo porque la carta solo se refería a un solo préstamo el de 80%, seguí leyendo y encontré una cláusula donde explicaba claramente que el banco había asumido este préstamo perdonando la deuda y que más adelante estaría recibiendo una carta por correo con la confirmación de la anulación del segundo préstamo. Estaba completamente asombrada, leí nuevamente varias veces, solo para asegurarme que estaba leyendo correctamente y que no estaba alucinando, esto era verdad, no cabía la alegría en mí misma, esto fue un milagro maravilloso que solo Dios con su omnipotencia puede hacerlo realidad.

---

13 *Escrow*. Cuenta de depósito en garantía. Es una cuenta conocida como cuenta de retención que abre el prestamista hipotecario para pagar ciertos gastos relacionados con la propiedad.

Después de casi 5 meses, recibí un sobre del banco, donde enviaban copia del préstamo del 20% cancelado, con un sello y firma de aprobación por el banco correspondiente. Cada vez que recuerdo todo este proceso con todos sus matices de alegría, angustia, dolor, tristeza, sorpresa, asombro, estrés, ansiedad, preocupación, y mucho más, agradezco infinitamente desde lo más profundo de mi corazón a todos los ángeles que participaron para que todo se tornara positivo, armonioso y mucha felicidad. Amo este lugar donde vivo y lo disfruto cada día, dando gracias siempre por la bendición de tenerlo aquí y ahora.

QUINTA PARTE
LECCIONES
APRENDIDAS

Capítulo 12
Perdón y gratitud

El perdón y la gratitud son dos palabras con un contenido de valor incalculable que muchas veces los tomamos muy a la ligera, sin pensar siquiera en la verdad que contienen cada una de ellas; Jesús nos habló del perdón a través de todo su ministerio en la tierra y lo demostró muchas veces. El dio mucha importancia al perdón porque es una de las cosas más bondadosas que podemos hacer por los demás y por nosotros mismos; es una manera de honrarnos como seres espirituales que somos.

El perdón es un acto sencillo, pero profundo que te libera para avanzar en la vida. A través del perdón, busco y encuentro el bien en los demás y en mí.

Aprender a perdonarme a mismo y perdonar a otros, tomó mucho de mi tiempo para poder entender lo que realmente significa perdonar.

Me hacía siempre la misma pregunta: ¿Cómo puedo perdonar a alguien que escogió hacerme daño o perjudicarme? Pero gracias a mi larga búsqueda de conciencia, pude darme cuenta de que el perdón no es aceptar ni excusar su comportamiento, sino se trata de dejarlo ir y evitar que su comportamiento destruya mi corazón.

Cuando hablo de búsqueda de conciencia me estoy refiriendo a la capacidad propia que todo ser humano tiene de reconocerse a sí mismo, de tener conocimiento y percepción de nuestra propia existencia y de nuestro entorno.

Significa calmarme para darme cuenta realmente de lo que estaba haciendo. Es prestar atención completamente a una cosa y tomar mi tiempo. Es todo lo contrario a hacer varias cosas a la vez de una manera apresurada.

En esta práctica de búsqueda de conciencia, puedo mirar dentro de mí misma y me vuelo consciente de mis pensamientos, sentimientos y actos que me ayudan a reflexionar en se momento.

Elegí el camino del perdón porque este transforma el dolor en posibilidades para seguir creciendo y mi práctica es buscar los lugares lastimados en mí para sanarlos con mi perdón. Haciendo esta práctica siento que el perdón fluye libremente en mí. El perdón me ayuda a dejar el pasado porque todo ocurrió y pasó, puedo ver como mis emociones se transforman gracias a la alquimia divina.

Ahora soy consciente y reconozco que en cualquier momento y lugar alguien puede lastimarme o herir a un ser querido o a un amigo y yo puedo justificar esta acción sintiéndome resentida o molesta, pero en lo profundo de mi ser puedo darme cuenta de la "Verdad" y solo el perdón me brindará la sanación y tranquilidad que necesito en ese momento.

Reconozco lo que sentí anteriormente, el resentimiento no es parte de mi naturaleza espiritual y si mantengo este pensamiento negativo conmigo misma, solo me estaré lastimando.

Al perdonar se remueve una carga pesada en nuestro corazón y nuestra alma que nos permite liberarnos para poder animarnos y renovarnos. De esta manera perdonando a los demás y a nosotros mismos quedamos libres completamente.

He aprendido que el perdón es un proceso y debo ser gentil y paciente conmigo misma porque nuestra naturaleza humana puede perdonar a otros relativamente más fácil pero no somos tolerantes con nosotros mismos y nos cuesta mucho perdonarnos por nuestros propios errores.

A pesar de haber aprendido a perdonar a otros todavía puedo encontrar difícil perdonar mis propios errores, las decepciones que creé, causando heridas en otros y los compromisos que he roto durante mi vida. Hoy he abierto mi corazón y me perdono con amor y compasión, tengo presente que está bien cometer errores como ser humano y merezco comprensión y perdón.

Vienen recuerdos de mi aprendizaje acerca de la enseñanza en la parábola del hijo pródigo. Pasaje de la Biblia en Lucas, capítulo 15, versículos 11-32 como el padre recibió a su hijo después que éste había abandonado su hogar y el padre consideraba haber perdido a su hijo, sin embargo, lo recibió con gozo, perdonó a su hijo y celebró la vida con todos, dando una fiesta a lo grande.

La enseñanza en esta parábola es que nuestro Padre Celestial siente gran gozo en perdonar al que se arrepiente.

Siento alegría y dejo ir la auto condena y finalmente regreso a la casa de mi propio ser.

El perdón es una manera importante de darnos cuenta de la naturaleza divina en nosotros. Muchas veces pensamos que el perdón es difícil, especialmente en acciones que han hecho mucho daño, pero recordemos que no existe límites para ejercer la habilidad de perdonar porque el espíritu divino en cada uno de nosotros nos ayuda a permanecer tranquilos y en paz.

La primera vez que perdoné con sinceridad, supe que realmente había perdonado y me sentí como que me elevaba por encima de las nubes grises y encontré el cielo azul despejado, limpio, una experiencia hermosa. Perdonar me ayuda a ver todas las situaciones desde lo alto y me da claridad.

He comprobado que el perdón es posible solo cuando estamos comprometidos a practicarlo y lo hacemos para sentirnos libres del peso de la culpa. Nos sentimos más ligeros, podemos experimentar mejor las cosas de la vida, el gozo, el amor, la paz y el perdón.

Durante el camino de mi vida, he perdonado a muchos seres maravillosos, quienes me han herido, decepcionado, hecho daño verbal e emocionalmente, me han mentido, han sido deshonestos en su actuar pero igualmente me siento muy agradecida con todos los otros que han perdonado mis faltas y acciones. El perdón y la gratitud se funden en uno, mostrando solo el amor que somos.

Cuando no perdonamos las heridas permanecen con nosotros y podemos causar dolor a los demás porque estamos predispuestos a responder mal, hiriendo por la simple razón que inconscientemente deseamos que los demás compartan el dolor que estamos viviendo.

En resumen, mi humilde y amoroso consejo es que la práctica del perdón es una herramienta primordial en la vida. Muchas veces nos hemos sentido como cuando el cauce de un río es obstruido, pero con el tiempo el agua sobrepasa el obstáculo ¿verdad?, así también nuestra energía fluye fácilmente hasta que enfrentamos una situación difícil o una emoción fuerte que cause bloqueo en nuestra mente.

Obsérvate como si estuvieras sentado a la orilla de un río y pregúntate ¿Para dónde fluyes? ¿Qué sientes? En ese momento elige el perdón, tienes la oportunidad de perdonarte, perdonar a otros y agradecer al mismo tiempo.

Así encontrarás la liberación en el acto santo del perdón.

Yo continúo estudiando y practicando con *Un Curso de Milagros*, (ACIM) que en mi opinión es el libro más completo que he leído en todo este tiempo de mi camino espiritual para encaminarme en el viaje de mi transformación y renovación a través del estudio profundo del perdón.

La gratitud es parte del proceso de perdón, perdonamos y agradecemos. Esta es un don y una práctica espiritual, es un valor que lleva consigo el agradecimiento y debe ser expresada para obtener su verdadero valor, ser agradecido es ser humilde, significa reconocer la presencia divina en nuestras vidas. Armoniza nuestra mente y corazón con las cualidades espirituales del amor, la compasión y el gozo.

He aprendido que la gratitud cambia nuestra perspectiva y suaviza nuestros corazones; cuando somos agradecidos estamos despiertos y maravillados. Expreso mi gratitud a través de actos de servicio y palabras alentadoras.

La gratitud está al alcance de todos y puede utilizarse en todo momento, nos brinda oportunidades de crecimiento y transformación, nos ayuda a apreciar lo que tenemos y no enfocarnos en lo que no tenemos o deseamos. Podemos considerar a la gratitud como una forma de vida, agradecemos no solo en los buenos momentos, pero también en los tiempos de dificultad, de reto, de adversidades, agradeciendo de antemano por los bienes que sabes que resultaran de todo esto.

La acción de agradecer lo cambia todo, más aún nos cambia a nosotros y el beneficio es tanto para el que da las gracias como para el que lo recibe, sucede una fusión de gozo mutuo, de alegría interna y externa porque este gozo invade nuestro ser.

Cuando contamos nuestras bendiciones, éstas se multiplican naturalmente. Debemos recordar siempre que la vida es magnífica que Dios es bueno y todo está bien; practicamos el agradecimiento sabiendo que todos los días somos bendecidos y más aún que nosotros somos una bendición.

La gratitud llega a nosotros cuando escogemos ver las bendiciones en nosotros mismos, en las personas, en los eventos fuera de nosotros, en situaciones, en lugares, o ideas que solo nosotros tenemos el derecho de escoger, utilizando nuestro poder perspectivo de fe y libre albedrío para ser testigos y acoger lo bueno en cada situación.

El agradecimiento comienza con nosotros mismos. Cuando lo vivimos y experimentamos en nuestro diario vivir y en nuestras relaciones entonces la plenitud de la gratitud llega a nosotros.

Mientras más apreciación demostremos por el bien en nuestras vidas, y más simples y genuinas les digamos a otros y a nosotros mismos "Gracias", más gratitud y paz tendremos en nuestro interior.

Practicar la gratitud en nuestra vida nos regala una infinidad de beneficios:

Practique la gratitud diariamente, vera el cambio en usted de maneras que jamás se haya imaginado.

Sienta gratitud y el amor, el gozo y la paz se expresarán en usted, vea a Dios en todo y en todos.

Cada vez que sienta agradecimiento, cambiará la química de su cuerpo y la paz vendrá a usted.

Cuando sienta gratitud, verá que su rostro brilla y sus ojos se iluminan y otros se sentirán atraídos a usted.

Convierta su gratitud a una práctica de vida, una forma de ser.

Aumente su gratitud por medio de la oración y la meditación, Ore para que su relación personal con el creador divino lo bendiga y lo sustente.

La gratitud y la acción de dar gracias son cualidades del alma poco conocidas y practicadas. La alabanza es gratitud en acción, practíquela en su hogar y en todo lugar. Si desea fomentar el poder de la gratitud mantenga un diario, escribiendo diariamente sus bendiciones. Puede elegir de 5 a 10 cosas por las cuales esta agradecido y escríbalas, hágalo siempre cada noche antes de irse a dormir.

Las bendiciones no han perdido su poder, permanecen intactas desde que Jesús las usó. Inténtelo y comprobarás su eficiencia por ti mismo. Si nunca has practicado la gratitud ni has dado gracias diariamente en tu hogar, has perdido la oportunidad de usar uno de los regalos más poderosos para hacer surgir condiciones maravillosas en tu vida.

Ten una actitud de gratitud en cualquier situación, tiempo o lugar, tu corazón agradecido creará un estado de gracia conectado a la divinidad infinita de tu ser.

PERDÓN Y GRATITUD TIENEN UN VÍNCULO ÚNICO

He aprendido que perdón y gratitud están unidos en un solo lazo profundo en la esencia del amor que somos, porque hemos sido creados a imagen y semejanza de Dios. No puedo perdonar sin agradecer, y no puedo agradecer sin perdonar. Perdonar y agradecer van siempre de la mano, en el proceso del perdón, damos gracias a quién nos ha perdonado y también a quienes nos han ofendido, la acción es recíproca.

Piensa un momento en la segunda ley espiritual que es la ley del dar y del recibir, esta dice dar es lo mismo que recibir, porque dar y recibir son aspectos diferentes del flujo de la energía en el universo. Y si detenemos el flujo de uno de los dos, obstaculizamos la inteligencia de la naturaleza.

Lo mismo sucede con la gratitud y el perdón, cuando me perdono, lo hago porque olvidé quien realmente soy en el momento que actúe irracionalmente y perdono a los otros porque reconozco que solo actuaron desde su subconciencia y ellos no saben lo que hicieron, al mismo tiempo agradezco por la acción mutua. ¿Muchos dirían cómo puedo dar gracias a una ofensa?

El secreto está en alejarnos de la situación, centrar nuestra atención en nuestro corazón, respirar profundamente y verla con una nueva perspectiva. Es necesario tener claro que nada en la vida es coincidencia, porque ésta no existe. La verdad es simplemente que la persona o situación en la que estas viviendo llegó a tu vida para que puedas darte cuenta de que hay algo en ti pendiente que debes perdonar, corregir, sanar, soltar y dejar ir y así te ayudará a crecer.

Esta manera de crecimiento no puede darse en la escuela o en la universidad, solo la vida te regala este maravilloso aprendizaje, sácale provecho.

Muy importante saber que dar gracias es una práctica espiritual que todos deberíamos cultivar. En términos generales no siempre damos gracias en todo, porque no tenemos la practica porque no hemos aprendido a hacerlo.

Que hermoso es despertarse cada mañana y agradecer a Dios por el simple hecho que está vivo, respirando armoniosamente, dar gracias por todo, por la vida, por ser, por estar, por tener, por vivir, por trabajar, por fracasar, por equivocarse, por perder, por ganar, por tener a su familia a su alrededor y por la presencia de los demás en su vida y mucho más por supuesto.

Está demostrado que dar gracias promueve la buena salud, las personas son más optimistas, también mejoran las relaciones en general, de familia, de trabajo con sus superiores, con la pareja, con los hijos y amigos. Yo aprendí a dar gracias, a ser agradecida a ser más constante con mi práctica, aprendí a escribir por todo lo que siento agradecimiento, es maravilloso hacer esta práctica y uno va mejorando con el tiempo.

Comencé esta práctica de dar gracias escribiendo en un cuaderno casi al mismo tiempo que comencé con mi trabajo espiritual interno, considerando dar gracias por todo diariamente, lo que vivo, recibo, doy, tengo, siento, positivas o negativas, todas son buenas porque me traen aprendizajes, lecciones para mejorar mi vida y de los que me siento muy agradecida. Cuando la vida es buena, dulce doy gracias y cuando la vida es amarga, difícil también doy gracias.

Hay muchas maneras de practicar la acción de dar gracias, usted puede agradecer con una palabra amable, a su vecino quien recogió su correspondencia, escribiendo una tarjeta de agradecimiento, a un compañero de trabajo que cubrió sus horas en su ausencia, expresando su aprecio y agradecimiento. Otra manera es orar por alguien, quizás una persona que tienen un reto de salud, y meditar por el bienestar de los demás.

Inspiraciones recibidas de mi querida madre y mi tío Eduardo acerca del concepto de perdón y gratitud

Siento mucho agradecimiento por los ejemplos inspiradores del concepto relacionado al perdón y la gratitud recibidos de parte de mi amada madre y mi tío Eduardo.

Por esas cosas naturales y maravillosas que tiene la vida, yo siempre tuve una conexión y relación muy cercana con mi madre, la que fue creciendo y fortaleciéndose conforme yo crecía. Un día cuando yo tenía más o menos como 16 años, honestamente no recuerdo exactamente, estaba conversando con mi madre como siempre lo hacíamos, cuando ella menciono que perdonar era lo más grande que uno puede hacer para vivir en paz y no tener cargas de culpabilidad.

Ella me contó cómo se enteró de que ella no era hija legítima de mi abuelo, sino que mi abuelo la había adoptado con mutuo acuerdo de mi abuela y cómo pudo perdonar a mis abuelos por el silencio que ellos dos mantuvieron acerca de su legitimidad.

Mi abuela Carmen fue una gran mujer adelantada para su época por el año 1919. Ella fue una mujer maravillosa, fuerte, decidida y determinada. Se atrevió a separarse de su esposo, mi verdadero abuelo por razones de violencia doméstica, abuso y maltrato, cuando ella estaba embarazada de mi madre y no lo pensó dos veces.

Solo puso su atención en la situación que estaba viviendo, que no era saludable ni segura para ella y su bebé. Una mañana muy temprano, tomó lo poco que tenía, unas mudas de ropa y salió sin rumbo conocido, buscando un nuevo horizonte. En aquellos años no había transporte público, solo caballos y burros que eran utilizados por los agricultores para transportar los productos derivados de sus cultivos y cosechas y la mayoría de la gente caminaba kilómetros de distancia, haciendo descansos en el camino hasta llegar a cualquier pueblo cercano.

De esta manera mi abuela inicio su recorrido, caminando muchísimo hasta llegar al poblado más cercano y este fue el pueblo de Tabernas. Aquí recibió ayuda de algunos pobladores del lugar.

Mi abuela se quedó en este lugar, y fue aquí donde tuvo la bendición de conocer a su segundo esposo, quien paso a ser mi segundo abuelo llamado Santos, quien se enamoró de ella aun sabiendo que mi abuela estaba esperando un bebe.

Mi abuelo le prometió que él se haría cargo del bebe y lo/la adoptaría dándole su apellido, a lo que mi abuela acepta recibiendo este gesto de mi abuelo con amor y aceptación.

Así fue como mi madre nace en este hermoso hogar y la vida sigue y continua aparentemente en orden con sus altos y bajos de la vida hasta que un día mi madre descubre por casualidad la dura verdad. Ella tenía casi 20 años cuando descubrió el gran secreto guardado por mis abuelos.

Mi madre tenía una relación muy cercana con mi abuelo, entre ellos había un lazo muy profundo, mi abuelo adoraba a mi madre, ella fue la única hija mujer y todos los demás hijos fueron hombres, por eso ella estaba siempre presente y atenta en el cuidado general de sus cosas personales.

Un día que mi madre limpiaba el escritorio de mi abuelo como siempre lo hacía, sucedió algo inusual, ese día había algo para mi madre, que tenía que suceder.

Lo que normalmente ella hacia era sacar el polvo del escritorio, ordenar los papeles o documentos que mi abuelo mantenía allí y revisar que todo se viera bien, limpio y ordenado. Pero esta vez hubo algo que debía ponerse dentro del cajón del escritorio, por lo cual ella abrió el cajón para guardar lo que debía estar allí.

Y fue en ese momento que mi madre vio un sobre con atención a mi abuelo y el remitente era de una oficina legal, esto llamo su atención y despertó su curiosidad inmediatamente. Tomó el sobre, lo abrió y leyó el documento y su sorpresa fue tremenda, no podía creer lo que estaba leyendo, era el documento de su adopción, poco a poco fue sintiendo todas las emociones juntas, coraje, desilusión, tristeza, rabia.

Esto fue un golpe muy grande para mi madre, ahora ella sabía la verdad, no era la hija legitima de mi abuelo a quien ella amaba y reconocía como su verdadero padre. Después de todo esto, ella se atrevió a enfrentar a sus padres y exigir que le aclararan todo.

Como pueden ver, cada uno de nosotros tiene sus propias experiencias duras en la vida y a pesar de saber la verdad, que mi madre entendió y comprendió a mi abuela por la acción de amor que mi abuelo tuvo con respecto a ella, todavía sentía dolor y rabia por haberle ocultado la verdad por tanto tiempo.

Mi madre me inspiró mucho con lo que ella vivió y con su trabajo personal para perdonarse ella misma y perdonar a mis queridos abuelos.

Claro que esto le tomó tiempo y esto la ayudó a recuperar la paz en su corazón y a fortalecer mucho más su amor a mi abuelo, quién incondicionalmente le dio un hogar lleno de alegrías y bienestar.

También ayudó a mi madre a conocer a su verdadero padre quien le dio la vida y tuvo la oportunidad de perdonarlo también. Mi madre pudo poner todo en orden para que pudiera hacer el cambio de su apellido. Aunque mi madre nunca tuvo una relación cercana con su verdadero padre, ella lo perdonó por sus acciones de abandonarla y comprendió que él también tuvo retos en su vida, y como mi madre decía si no se toman en cuenta para sanarlos y reconocerlos entonces se seguirá cometiendo los mismos errores con uno mismo y con los demás.

Algo que mi madre me inspiro fue cuando dijo:

-Para poder perdonar hay que aceptar nuestras emociones negativas, soltarlas sin reprimirlas, verlas de frente para luego transformarlas.

Un día que conversábamos me dijo algo muy hermoso y profundo. Ella creía que enfocándose en la esencia del amor en ella misma y en el amor que sus padres sentían por ella, la ayudaba a mitigar poco a poco el dolor que sentía por haber sido engañada, por tanto, tiempo. Sentía la sensación de haberse liberado de una carga pesada para luego sentir la paz interna que tanto deseaba.

En todo este proceso, la gratitud jugó un papel importante en la vida de mi madre. Ella decía que agradecer siempre fortalece el proceso del perdón.

Una frase simple y profunda es la que recibí de parte de mi tío Eduardo, en una oportunidad que conversábamos sobre las situaciones negativas, y personas que de alguna manera lo hirieron o trataron de hacerle daño, y otros que tomaron ventaja de su bondad durante su viaje de vida y esta fue: "Nunca quise guardar rencor en mi corazón" porque siempre supe que las cosas negativas no me ayudarían a crecer y avanzar en la vida.

Esta frase "Nunca quise guardar rencor en mi corazón" tiene mucho acerca de lo que él entendió sobre el perdón. Significaba que cada vez que vivía una situación donde el perdón era necesario, él se enfocaba en el amor en vez del rencor y resentimiento y dejaba ir estos sentimientos negativos. Él expresó que el amor que lleva dentro resuelve aquello que sus pensamientos no pueden hacerlo.

Se dio cuenta que cada vez que hacía esto la tranquilidad volvía y su malestar o enfado era pasajero, ya no duraba tanto tiempo como antes, sino que era más leve, sus emociones se alineaban con una nueva frecuencia sintiéndose mucho mejor.

Mi tío Eduardo considera la gratitud como la apertura a la alegría y la decisión de no renegar o quejarse, la gratitud va de la mano con el perdón. Todo esto me ayudó a comprender el significado del perdón a través de las experiencias vividas de mi querida madre y mi tío.

Agradezco infinitamente por sus palabras inspiradoras, ellos fueron mis mejores maestros espirituales.

PERDONA Y DA GRACIAS EN TODO
Y EN CADA MOMENTO

El haber mantenido siempre una práctica espiritual desde muy joven, gracias a las enseñanzas de mi adorada madre me ha ayudado a cultivar mi conexión más cercana con la divinidad de Dios, y me encantan todas las prácticas espirituales que he adquirido en el camino de mi vida, especialmente la oración y meditación.

También me encanta servir, celebrar, viajar, bailar, disfrutar de una buena comida, hacer yoga, pintar, caminar al aire libre, conectarme y disfrutar de la naturaleza, leer libros de contenido místico y de crecimiento personal, que enriquecen mi vida.

Mi espiritualidad me ha acompañado en el transcurrir de mi vida, en los peores y mejores momentos vividos. Creo que mi práctica espiritual ha sido mi chaleco de salvavidas en los momentos de reto, experiencias desafiantes vividas, con mi salud, mis finanzas, mi familia, relaciones en el negocio que creé en sociedad, un accidente automovilístico y mucho más.

Me vi obligada a hacer muchos cambios para ajustar y equilibrar mi vida y me centré en mi trabajo, poniendo casi todo mi tiempo aquí, y parte de este en dar mi servicio en el nuevo centro espiritual, que comencé a asistir.

Por alguna razón una gran amiga mía me había invitado a asistir a este lugar mucho tiempo atrás, pero que no se había dado hasta este preciso momento.

Todos conocemos esta palabra mágica: Perdonar y también sabemos que se ha escrito, se escribe y se seguirá escribiendo sobre este tan interesante y profundo tema. A través de los años vividos, he tenido la oportunidad de leer muchos libros de autores conocidos quienes hablan al respecto. También he asistido a charlas educativas recibiendo información impactante relacionada al perdón, conociendo historias reales y verídicas de personas que son parte de mi vida, familiares y amigos, quienes me ayudaron a saber más sobre lo que realmente significa perdonar.

El primer libro que llegó a mis manos fue: "Usted puede sanar su vida" de Louise L. Hay conocida como una de las fundadoras del movimiento de autoayuda. Ella fue una escritora y oradora estadounidense. En su libro ella habla de cómo cambiar y considera el perdón un punto importante en este proceso. Ella dice que perdonarnos y perdonar a los demás nos libera del pasado y el amor es la respuesta a la curación de nuestro ser. El camino que conduce al amor es el perdón.

Tuve la oportunidad de asistir a una de sus conferencias que dio en abril del año 2012 en el Centro Mundial de Congresos (World Congres Center). En una parte de su oratoria ella habló acerca de su propia experiencia en su proceso de perdón, cuando perdonó a sus padres y a su padrastro. Fue extraordinario lo que ella hizo para lograr perdonarse y perdonarlos.

Otro libro muy valioso que he leído muchas veces para poder entender y digerir su contenido fue: "Perdón radical a uno mismo" del autor Ingles Colin Tipping, cofundador del programa de ayuda con el cáncer en Georgia y Juntos nos curamos, Inc. Él también es fundador del Instituto de terapia y coaching del perdón radical.

El habla que perdonarse así mismo es quizás la parte más difícil del camino del perdón. El auto perdón radical, tanto en términos prácticos como esclarecedores, ayuda a facilitar el camino hacia la aceptación para que sin importar lo que hagamos, podamos ceder al flujo de la vida en lugar de oponernos a ella. Gracias a este libro pude entender y comprender mejor lo que significa perdonarme a mí mismo, es la decisión que yo tomo para dejar ir mi culpabilidad, vergüenza o resentimiento, sentir compasión por mí y por los demás y todas las otras cosas que la gente dice que debo hacer no es mío, no me pertenece.

El 22 de septiembre del año 2012 tuve la oportunidad de asistir a la conferencia: Catalizador para el cambio personal y global a través de nuestras comunidades, que dio el Doctor Michael B. Beckwith, en la sede del Centro espiritual Unity North Atlanta. El doctor Beckwith es un visionario, fundador y director espiritual del Centro Espiritual Internacional Ágape con sede en California. El habló sobre estrategias para hacer el cambio consciente, que también tiene una incidencia en el perdón para poder abrir nuestra mente y corazón y aceptarnos para trabajar juntos para un mejor bien en la parte personal como global, somos uno en esencia con la divinidad de Dios.

El 8 de octubre del año 2013 tuve el privilegio de asistir a la conferencia: Valores Humanos Fundamentales, que dio Dalai Lama en el Centro Arena Gwinnett. El habló de los valores fundamentales humanos para edificar y comprometerse a cultivar la compasión en el mundo. También habló acerca de la educación ética secular con algunos científicos y educadores que lo acompañaron en la conferencia. El propósito es lograr el desarrollo integral de los niños en la educación moderna. Educar con la no violencia y la compasión. Dijo: "Para ser verdaderamente no violentos necesitamos ser compasivos".

El habló de los valores humanos fundamentales que son los pilares de un mundo comprometido y compasivo. Dio su versión comprensiva de la ética secular, sus principios subyacentes y la urgente necesidad de adoptar tal sistema en la sociedad actual cada vez más conectada y globalizada.

El 23 de septiembre del año 2014 asistí a la conferencia: Una tarde con Wayne Dyer en las instalaciones del Centro espiritual Unity North Atlanta. Wayne Dyer PhD autor renombrado internacionalmente y orador en el área de desarrollo personal. Es conocido como el padre de la motivación. He leído muchos libros de él. Wayne Dyer es uno de mis favoritos mentores e inspiradores con el que he aprendido a crecer y desarrollarme como persona.

En su libro *El Poder de la Intención* habla del valor de amarnos a uno mismo y saber perdonar. De él también aprendí a entender un poco más el real significado que encierra el acto de perdonarse a sí mismos y perdonar a otros, en la película que filmó por medio de Hay House llamada Mi Más grande Maestro. Basada en la historia de su experiencia en la tumba de su padre en Biloxi, Mississippi en 1974, en el momento cuando él pudo perdonar a su padre, a quien él pensaba que sería imposible hacerlo por el daño tan grande que este causo en su vida. En sus propias palabras dijo que esto cambió radicalmente su vida.

Yo continúo aprendiendo de él, aplicando sus consejos en el proceso del perdón. El perdonar transforma.

Otro libro muy interesante *El amor no ha olvidado a nadie –* La respuesta a la vida, del autor Gary R. Renard – Conferencista Internacional de Un Curso de Milagros. Casi todos sus libros hablan o están relacionados con el perdón y en este libro en particular habla de su propia experiencia en su proceso del perdón. El expresa que a medida que han pasado los años, él ha empezado a ver todas las cosas que le pasaron y las que no pasaron simplemente como un karma.[14]

Continúa diciendo que, si alguien parecía atacarlo en esta vida, significaba que él lo había atacado en otra vida. Y si él no

---

14 Karma es un principio de auto creación, y cada ser humano es responsable de su propio karma. También conocido como la ley de causa y efecto; acción y reacción. Creamos nuestras experiencias a través de nuestros pensamientos, palabras y acciones.

había sido bueno con otras personas en esta vida, significaba que esas personas no habían sido buenos con él en una vida pasada, del que no siempre era consciente pero que está en la mente inconsciente. Allí están registradas y guardadas todas nuestras memorias pasadas.

Renard afirma categóricamente que el verdadero perdón libera el karma tanto la causa como el efecto son deshechos. Puedo afirmar que casi todos estos autores, escritores espirituales coinciden en que el perdón deshace el ego y conduce de forma automática al amor. El amor y el espíritu son palabras sinónimas.

Muchas charlas que he asistido con Un Curso de Milagros escrito por Helen Schucman – Fundación para la paz interna. La esencia de este libro es despejar los obstáculos que impiden experimentar la presencia del amor, el cual es tu herencia natural. Habla de que no hay manera de que cada uno de nosotros mire la cara de la culpabilidad, este es un pensamiento devastador.

Entonces el ego usa este mecanismo, de poner mi culpabilidad fuera de mí, para entonces ver en otra persona la culpa que yo no puedo afrontar en mí mismo. Esto me da la oportunidad de dejar ir. Esto es el perdón, es la destrucción de la proyección de la culpa. Esta enseñanza me ha ayudado mucho a entender más profundamente que lo que tengo que perdonar son todas mis proyecciones porque son solo mías.

Considerando la serie de eventos adversos en mi vida personal, familiar y profesional, tenía mucho interés en descubrirme más profundamente, creo que estaba lista para recibir al maestro, era el momento preciso para iniciar mi trabajo para mi cambio.

Fue el tiempo perfecto para comenzar y dar una nueva dirección a mi vida, ya que muchos aspectos estaban afectados y se mostraban ante mis ojos dando la impresión de que todos los eventos negativos llegaban casi al mismo momento, exactamente como un juego de dominó, bastaba que una pieza cayera para que todo lo demás se derrumbara.

Así era como me estaba sintiendo en esos momentos, pero al mismo tiempo yo misma me daba ánimo y pensaba que de la misma forma podría suceder cuando todos los eventos positivos llegaran al mismo momento, así era como me mantenía con mi espíritu alerta y vigilante de que en algún momento todo cambiaria.

Claro que no esperaba que todo cambiara tan rápido como yo deseaba, sabía que debía comenzar por hacer mi trabajo personal sobre el perdón.

Honestamente cuando comencé a trabajar en el perdón no estaba convencida si estaba lista para este trabajo profundo personal porque comencé a experimentar otras situaciones que de alguna manera complicaban más mi estado personal y no sentía que esto me estaban ayudando, era como si las cosas se enredaban más y me sentía temerosa, fue como si de alguna manera yo activaba estas memorias que yo creía que estaban olvidadas y que no deberían afectarme más, pero la realidad es que todas estas memorias, experiencias, situaciones están enterradas en nuestro subconsciente y no queremos verlas.

Tomé un descanso para reflexionar sobre mis patrones internos y preguntarme que realmente estaba pasando dentro de mí, en mi interior. Pasaron unos meses hasta que una mañana, desperté con el deseo inmenso de seguir con mi trabajo, examinándome y removiendo mi ego, que hasta este momento no sabía que YO le había dado tanto poder, y por supuesto el ego no quiere saber nada de la conexión con Dios porque sabe que en algún momento perderá su poder.

Mi trabajo del perdón es continuo y permanente, el propósito primordial es entrenar mi mente y disolver el ego. Esta práctica me ayuda al despertar espiritual que me enseña el camino hacia la paz interior y la curación a través del poder del amor y del perdón. Cuando uno inicia este trabajo interno puede durar la vida presente y las futuras, Dios conoce perfectamente a sus hijos y es inmensurable bueno y paciente, el tiempo que tome depende solamente de mí.

Yo continuo, y continuaré con mi practica porque me siento cada vez más consciente, he aprendido a reconocer de que fuente actúo, de la mente correcta o la mente equivocada que es el ego, y puedo hacer el cambio con más facilidad y precisión.

Solo continúo comprendiendo y entendiendo cada vez más y más el proceso sobre el perdón, haciéndolo diariamente para seguir entrenando mi mente y conocerme más internamente.

Esta demostrado por muchos que han dedicado su tiempo, muchas veces sus vidas completas al estudio e investigación de la naturaleza del ser humano y han escrito que la humanidad, individual y colectivamente ha reprimido una gran cantidad de culpa y vergüenza sobre nosotros mismos.

El Perdón, se trata en gran medida de elevar nuestra vibración y restaurar nuestra fuerza vital a un equilibrio saludable. Sabrás por seguro que has perdonado algo cuando ya no te moleste, cuando ya no te afecte en nada. Es primordial hacer un seguimiento de nuestros pensamientos y seguir las pautas para ayudarnos a ver lo que todavía nos afecta.

Si sientes que estas siendo activado por un sentido negativo, esto es el ego. Simplemente suelta o dejar de pensar con el ego y no le des realidad ni poder. Luego comienza a pensar con la guía del Espíritu Santo, a esto se le llama el "Instante Santo", recordarás que no eres víctima, es solo tu sueño, una ilusión, no existe y no puede hacerte daño.

Después que recuerdes que es solo un sueño, entrarás en la visión espiritual. Esa persona no es un cuerpo, es un espíritu perfecto, es totalmente puro e inocente, exactamente como Dios lo creó. La fuerza del Perdón radica en su honestidad.

Estoy más consciente ahora y puedo ver que hay dos procesos mentales del perdón, una para aplicarlo a mí mismo y el otro para ponerlo en práctica con los otros. Repetir mentalmente para ti mismo: Soy espíritu inmortal, este cuerpo solo es una imagen, no tiene nada que ver con lo que Yo soy.

Somos seres humanos, que tenemos tendencia de proyectar nuestra culpabilidad inconsciente en los demás y pensamos que ellos están equivocados. En este mundo hay ocasiones en los que todos nos culpamos a sí mismos. Esta declaración es un proceso mental de perdón, recuérdalo siempre. Si tienes el hábito de culparte a ti mismo, usa este perdón mental.

El segundo proceso mental de perdón es para compartirlo con los demás, en cada oportunidad que tengamos de enviar estas palabras mentalmente, o sea de tu mente a la otra mente, diciendo: Tú eres espíritu completo e inocente, todo está perdonado y olvidado.

Ahora sé que mis experiencias han sido catalizadores para mi crecimiento y desarrollo personal. Considero todos los momentos adversos en mi vida como regalos divinos y los atesoro.

El perdón es una decisión, no un sentimiento, porque cuando perdonamos no sentimos más la ofensa, no sentimos más rencor.

"Perdona, que perdonando tendrás en paz tu alma y la tendrá el que te ofendió". - Teresa de Calcuta

"Perdonar es el valor de los valientes. Solamente aquel que es bastante fuerte para perdonar una ofensa, sabe amar". - *Mahatma Gandhi*

YO SOY AMOR

*"El amor que brota de mi corazón me inunda,
limpiando y sanando todo mi cuerpo".*
Louise L. Hay

Me amo, soy mi propia maestra, soy mi propia sanadora y líder, me acepto tal como soy. Me amo porque a pesar de haber vivido situaciones difíciles sigo en pie. Me amo a mi misma, amo y merezco amor y lo encuentro donde quiera que vaya. Libero el pasado y soy libre para amar plenamente el presente, porque soy una gran mujer. Amo el ser que soy, sentimental, a veces débil, pero con carácter, generosa, no me gusta la mentira, siempre estoy de buen humor aun cuando las cosas no salgan bien, soy agradecida por todo lo bueno y también todo lo malo porque confió que de las cosas negativas obtengo resultados positivos, muchas veces mejores de lo que yo imagino.

Me amo y siento orgullo del ser quién soy. Soy el resultado de haber vivido mis experiencias con valor y aceptación, me he caído y levantado muchas veces, me he equivocado una y otra vez, he tenido desafíos, he tenido muchas frustraciones, he sido herida, he sido traicionada, he llorado mucho, también he estado rota por dentro y en muchas otras he tenido alegrías increíbles, me he divertido intensamente, he reído abiertamente hasta no poder más, he vivido aventuras increíbles, y he amado con todo mi corazón, pero sigo estando viva.

Nunca he dejado de ponerme de pie, siempre más firme cada vez. Estoy agradecida por todo lo que soy y lo que tengo, vivo en armonía y equilibrio con todos los que están a mi alrededor.

Sé que me amo porque creo en mí, y cuido de mí misma. Porque soy honesta conmigo misma y no presto atención a lo que otros piensan de mí. Porque tengo libertad de decir "no" si no quiero algo. Porque me rodeo de personas honestas, positivas, auténticas y constructivas. Soy uno con el poder creador, y esto me da el poder de crear mis circunstancias.

Permito que ese amor brote a la superficie y bañe todo mi ser, mi corazón, mi cuerpo, mi conciencia para que luego se irradie a todos los lugares y regrese a mí en abundancia infinita. Sé que me amo cuando elijo alimentos sanos y nutritivos para mi cuerpo, cuidándolo para mi mejor bien. Escucho con amor los mensajes de mi cuerpo y noto que el bienestar vibrante de mi cuerpo aumenta cada día.

Sé que me amo porque trabajo en lo que más me gusta y disfruto, brindando satisfacción y alegría a mi ser. Poniendo mis habilidades y dones al servicio mío y de los demás, usando mi creatividad e imaginación.

Sé que me amo cuando actuó y pienso con amor en todos, porque ahora estoy convencida que todo lo que sale de mi es amor y regresa a mí en cantidades incalculables. Todo se desarrolla de la mejor manera en mi mundo.

Soy amor y me amo, tengo un hogar amoroso, que satisface todas mis necesidades. Es un lugar espacioso acogedor con mucha armonía, donde se siente tranquilidad y paz. En cada parte de mi hogar se siente la vibración del amor, que fluye y circula dando bienvenida a todos los que entran en ella, sintiendo que el amor los nutre.

Amarme a mí misma atrae personas capaces y dignas de amor, porque son espejos de lo que yo soy. Sé que me amo porque he perdonado mi pasado y vivo el presente experimentando cada instante con júbilo y gozo porque soy la hija amada de Dios y Él se ocupa amorosamente de mi aquí, ahora y siempre.

AMOR

A Aviva cada instante de tu vida con la esencia del amor que eres.

M Mira siempre dentro de ti, antes de hablar, pensar o actuar para que expreses solo la verdad.

O Ofrece amor incondicional, sin esperar recibir nada a cambio, siempre con tu corazón abierto.

R Ríe y vive cada día como que este fuera el primero y el último al mismo tiempo.

Capítulo 13
Aprender a escuchar la voz
de tu intuición

P uedo afirmar con mucha humildad y gratitud que soy una persona positiva, alegre, y muy intuitiva. Desde muy joven he sabido escuchar mi voz interior, esa voz que me guía e instintivamente me ayuda en cualquier situación, tomando la decisión correcta. Yo siempre decía que me parezco mucho a mi madre no físicamente, pero en su manera de ser.

Mi madre fue una mujer maravillosa, amorosa con un corazón inmenso y tenía una intuición grandiosa, ella fue extraordinaria. Mi madre fue uno de los personajes más importantes que admiré siempre y que me inspiró mucho en mi vida. Yo siempre creí que había heredado la intuición por parte de mi madre. Ahora puedo estar segura de que así es, porque estudios tras estudios de investigación muestran y estiman que entre un 40-60% de la inteligencia, incluida la intuición es heredada.

Definitivamente, todos los seres humanos tenemos la habilidad y podemos estar seguros de decir con certeza que sí, podemos distinguir de la voz del Espíritu Santo, o tan solo estamos escuchando las murmuraciones sin sentido del Ego.

La intuición es una de las habilidades intuitivas que todos los seres humanos poseemos y podemos cultivar para crear lo que más deseamos en la vida. Todos tenemos la habilidad de ir más allá de nuestra ruidosa confusión mental hacia la quietud y el silencio interior. Aquí en el silencio es donde nuestra intuición se activa y nos guía de manera espontánea a hacer realidad lo que realmente deseamos.

Si todavía tienes alguna duda en reconocer la voz de la mente en relación con la voz de la intuición, aquí te dejo una pequeña guía para tenerlo en cuenta.

Todos los seres humanos tenemos voces internas que a veces nos guían y en otras parecen tener culpabilidad, mandatos drásticos o recordar episodios negativos que no nos gustaría repetir, y esto es porque es común que tengamos diferentes voces internas, una de estas voces puede ser de uno de nuestros familiares o personas cercanas que hayan generado un impacto en nuestras vidas.

Considerando lo anteriormente mencionado es fácil escuchar la voz de la mente porque ésta es siempre ruidosa, fuerte, haciéndote sentir confuso, molesto y a veces sentirte separado de ti mismo.

En cambio, la voz de la intuición es una voz suave, amorosa, sutil casi silenciosa, que solo es posible escucharla cuando hay un espacio de silencio y tranquilidad dentro de ti, porque esta voz divina no puede ser escuchada tan fácilmente en medio del ruido y distracciones del exterior.

Para tener una idea más clara al respecto, imagina por un momento a una persona gritando y moviéndose de un lado a otro, agitando las manos y brazos en modo de desacuerdo, una persona que cuando habla busca la atención de los demás; así es la voz de la mente. Muy bien, ahora imagina a una persona tranquila que está sentada en silencio, con un semblante sereno y una hermosa sonrisa, observándote y esperando pacientemente que la mires a los ojos; así es la voz de la intuición.

Considerando lo que anteriormente he mencionado el concepto de Ego, y quizás para algunos es algo nuevo, deseo darles información sobre el significado de lo que es el Ego.

De acuerdo con el diccionario de la Real Academia Española, ego significa: valoración excesiva de uno mismo. Ego proviene del latín, que significa "yo".

La psicología define al ego como el yo que permite a cada ser humano, tomar conciencia de identidad propia.

Para la psicología, el ego es una instancia psíquica mediante la cual una persona se reconoce como yo único y empieza a ser consciente de su propia identidad. Esto significa que el ego es, en sí mismo, la parte central de la conciencia humana encargada de dar el sentido "sí mismo"

Sigmund Freud[15] fue un neurólogo australiano quien inventó y desarrolló la técnica del psicoanálisis. Es considerado el legislador intelectual más influyente de su época. Freud concebía al ego como la instancia psíquica en la cual se reconoce el yo. El ego en este sentido vendría a ser la instancia encargada de mediar ello y el superyó, así como el controlar y equilibrar los instintos y las necesidades del ello con los ideales y aspiraciones del superyó de cara al mundo exterior.

Gracias al psicoanálisis los psicólogos lo usan ahora como un método clínico para tratar la psicopatología donde se establece un diálogo entre el paciente y el psicólogo.

Desde el punto de vista espiritual el ego no existe porque no hay ego en el espíritu, como es conocido por múltiples escuelas místicas y voces de muchos seres que viven cierto estilo

15 Sigmund Freud, creó estos tres conceptos: el ello, el yo y el superyó en su teoría del psicoanálisis. El ello es la estructura de la psique humana; El yo surge a partir de los dos años de vida, enfocado hacia el exterior y El superyó, aparece a los tres años de vida y es consecuencia de la socialización (aprendida a través de los padres).

de vida cristiana en un sistema de formación de sí mismos, donde todos los elementos de la espiritualidad como la imagen de Dios, la oración, las practicas piadosas, la meditación, las relaciones interhumanas se entrelazan estrechamente y afirman que somos seres espirituales viviendo una experiencia humana.

Vivir la espiritualidad es vivir lo más conectado posible a tu esencia, a tu verdadero ser. Cualquier practica que hagas de autoconocimiento, experimenta el silencio en tu interior, donde únicamente tú te confrontas honestamente sin la máscara del ego.

Entonces, mantente alerta y obsérvate. Si te crees superior a los demás, si crees que eres más espiritual que otros, si te sientes con la autoridad para decir a los demás como deben experimentar su espiritualidad, tú has caído en manos del "Ego Espiritual" significa que tu ego te ha hecho creer que estas en el camino espiritual. Estas muy lejos de la verdad.

Deseo compartir algo de mi propia experiencia. Cuando era una niña, siempre hacia cosas diferentes a mis hermanos, aun cuando jugábamos juntos y parecía que todos estábamos en la misma página, pero en el momento que había que decidir o hacer algo, era yo quien intervenía o decía algo diferente que después de algunos arrebatos y argumentos de mis hermanos que no estaban de acuerdo, al final teníamos el resultado adecuado para todos y terminamos siempre contentos.

En ese tiempo yo no sabía por qué, o que era lo que pasaba en mi para hacer o decir lo que pasaba, pero poco a poco fui creciendo y veía a mi madre actuar repentinamente y decir que su corazón le está avisando algo. Ella creía completamente en su voz interior, su intuición y se dejaba guiar por ella.

Recuerdo que una mañana cuando yo todavía vivía con mis padres, en la ciudad de Chiclayo – Perú, mi madre se levantó muy temprano y le dijo a mi padre, que se iba Trujillo inmediatamente porque sus hijos la necesitaban, y así como lo dijo lo hizo.

En ese tiempo mis hermanos, que son mellizos, estudiaban medicina en esa ciudad. Ese mismo día mi madre arregló todo y se fue.

Intuición, definición de acuerdo con el diccionario de la Real Academia Española dice: Habilidad para conocer, comprender o percibir algo de manera clara e inmediata, sin la intervención de la razón.

Intuición espiritual es cuando el alma funciona espontáneamente. Es lo sutil, es lo que está por encima del intelecto en lo más profundo de nuestro ser. Es también tener la sensación de saber o ver algo, pero ignorar como lo sabemos.

Cuando el cuerpo funciona espontáneamente, se llama instinto. Cuando el alma funciona espontáneamente, se llama intuición.

Cuando mi madre llegó al departamento, mi hermano se quedó muy sorprendió, porque él no había avisado a mis padres sobre el accidente que había tenido mi otro hermano, ellos son mellizos, ¡y solo pudo decir Oh! mama, que haces aquí!, no te esperábamos.

De inmediato mi madre preguntó por mi otro hermano, y el respondió que él había salido, pero mi madre no le creyó y se dirigió de inmediato a la lavandería y encontró unas prendas con sangre, con esta evidencia mi hermano solo tuvo que decir la verdad, mi hermano había tenido un accidente automovilístico y estaba en el hospital.

Inmediatamente mi madre y mi hermano fueron al hospital y gracias a Dios mi hermano estaba allí, recuperándose de la cirugía y todo estaba bajo control, mi hermano estaba feliz de ver a mi madre allí al lado de su cama. Así como esto, muchas otras oportunidades pude ver a mi madre actuando de esta manera y ella siempre seguía su guía intuitiva o sus mensajes del corazón como ella decía.

Luego conversando con mi madre sobre esto, ella me decía que esto era su conexión con Dios, que Él se comunicaba con ella a través de su corazón o su intuición y que era posible que yo hubiera heredado este regalo de escuchar a Dios o seguir mis instintos.

Muchos eventos en mi vida personal han sido conducidos por este mensaje interno que ahora sé claramente que es mi intuición, la voz del Espíritu Santo. Creo que lo primero es estar dispuesto a escuchar y aquí, deseo mencionar un pasaje de la Biblia en Mateo 22:14 Jesús nos dice: "Muchos son los llamados, pero poco los escogidos" Debemos estar receptivos, el Espíritu Santo esta allí siempre, jamás se ha ido, nunca se ha ido, permanece contigo para siempre y nunca estas solo, pero tenemos que estar abiertos al espíritu.

El mensaje puede llegar de muchas maneras y distintas formas, lo más importante es el contenido. Casi siempre llega a la mente una idea, también puede llegar en forma de un sentimiento, que puedes sentirlo claramente, en otras de una voz apacible, armoniosa, suave y en otras veces a través de comentarios o conversaciones que otra persona ha hecho o mencionado y de esto aflora una idea o una pregunta: ¿Debería escuchar esto?

Como dije anteriormente lo más importante del mensaje es la claridad y nitidez, y éste hace que te sientas en paz, completamente en paz. Entonces si lo que sientes es preocupación, duda, está claro que no procede del Espíritu Santo.

El Espíritu Santo desempeña un papel activo influyendo en las personas para que se dirijan a determinados lugares, para conocer o encontrarse con personas que son claves en cada experiencia y aprendan de las cosas que más les llegue en el caminar de sus vidas. Quizás tienes un simple pensamiento de hacer o no hacer algo, ya sea leer un libro, asistir a una reunión de amigos, inscribirte en una charla de crecimiento personal o cualquier otro evento o situación y tú crees que esta es tu idea.

Pero la verdad es que el Espíritu Santo te está guiando desde la parte recta de la mente, Él ha puesto las ideas en tu conciencia que te ayudara a crecer más rápido.

Comparto con ustedes lo que sucede, después de elegir y sentir el deseo abrumador que lo que pasa es para tu mejor bien. Nada de esto ocurre por casualidad ni por accidente como muchas personas dicen, el Espíritu Santo esta allí, en cada paso que damos en nuestras vidas guiándonos y guiando a otros quienes participaran y serán parte importante en el desarrollo de lo que es para ti, porque ellas te ayudaran, sabiendo que es lo mejor para ti, en este momento, el instante santo.

Muchas veces ni siquiera sabemos que es el Espíritu Santo que nos guía, pero no tiene importancia, Él está siempre allí no solo contigo, conmigo también, y con todo ser en el mundo, estés consciente o no Él está ayudándonos en todo momento. Mi pregunta es: ¿Estamos dispuestos a escucharlo? Tal vez para la mayoría la respuesta es No, o "No creo que sea el momento".

El Espíritu Santo está haciendo su trabajo constantemente, y que bueno que la respuesta de muchos otros sea sí. Ahora estamos claros que el Espíritu Santo no hace que las cosas pasen en el mundo, sino que nos guía a través de la mente Recta.

¡Hay algo que deseo decirles con referencia a la voz del Espíritu Santo, sucede que a veces El Espíritu Santo podría

guiarte a "NO IR" a algún lugar! Si recibes un mensaje como este, es posible que no sientas paz, te aconsejaría que lo escuches de todas maneras. Estos mensajes no son tan comunes, pero suceden, como me ha pasado a mí en algunos casos. Me doy la libertad de contarles mi experiencia.

Fue en invierno un día de semana, que salía de mi trabajo como a las 9:30 pm., y me encontré con una lluvia muy fuerte, con truenos y relámpagos. Cuando estuve dentro del edificio vi que estaba lloviendo, pero no me imagine qué tan fuerte. Corrí rápidamente y entré a mi auto, encendí el auto y salí muy despacio porque realmente no veía nada por la intensidad de la lluvia.

Poniendo mi confianza en la guía interna que me acompaña siempre, tomé la autopista que es la ruta que usualmente tomo para regresar a mi casa. El tráfico estaba muy despacio y pesado, especialmente el tráfico que iba hacia el norte, donde yo me dirigía. En un momento que esperaba en el semáforo, sentí mi voz interna que me dijo: "Es mejor que no tomes la autopista, ve por las calles adyacentes".

Fue tan claro el mensaje que me pareció que alguien me hablaba, tanto que yo giré la cabeza, como buscando ver de dónde venía esa voz, pasaron unos segundos y nuevamente volví a escuchar y recién en este momento me di cuenta de que era mi voz interna, mi intuición o la voz del Espíritu Santo. Inmediatamente puse mis luces direccionales para salir de allí y di la vuela en "U" a mi izquierda y continúe derecho, siguiendo a mi guía interna.

Lo que he aprendido es que cuando identifico que es mi intuición la que me habla, sigo mi guía interna que es la voz del Espíritu Santo hablándome. Llegué a casa un poco tarde porque me tomó más tiempo, pero llegué perfecta, tranquila y a salvo, sintiendo paz. Encendí el televisor y lo primero que vi es que estaban anunciando que había un accidente muy grande en la autopista dirección norte, la cual estaba bloqueada, también mencionaron que tomaría algún tiempo despejarla.

Me sentí tan bendecida de estar en casa, Dios nunca se equivoca, está siempre presente en todo momento y circunstancia.

Por otro lado, podemos reconocer ¿Que es el ego? El ego es el falso ser, que hemos creado con nuestra falsa creencia como: que somos malos, que no valemos, que no somos importantes, que somos inadecuados, que nadie nos ama, que somos indignos y muchas otras falsas creencias.

El ego es el hogar de nuestras falsas creencias, el centro de las mentiras que crean nuestro miedo y vergüenza. Este es el resultado de nuestra desconexión del Poder Superior que somos. El ego es nuestro niño adulto. Tenemos un Poder Superior que está conectado con la verdad de Dios y trabaja desde el amor y la fe, no del miedo y vergüenza.

Este es el canal a través del cual nuestro Poder Superior nos habla, pero hay momentos que nos habla a través de nuestro niño amado, un proceso del instinto o sentimiento y otras veces a través de nuestro amado adulto, o a través de nuestra mente. Este es el estado interno conectado, que abre el canal de la sabiduría infinita más alta.

Durante el tiempo que estuve descubriéndome a sí misma para conectarme más eficientemente con mi intuición, leí mucha información de un Monje yogui y gurú hindú, Paramahansa Yogananda[16] quién afirma que la intuición es discernimiento del alma.

---

16 Paramahansa Yogananda, fue un monje yogui y gurú Indu, que vivió en estados Unidos por 32 años, sus restos descansan en California. Precursor del yoga en Occidente, con el método Kriya Yoga que es el método de meditación que actúa directamente sobre la energía y la conciencia.

Paramahansa Yogananda escribió que la intuición es la guía del alma, que surge espontáneamente en el ser humano durante esos momentos en que la mente esta calmada. La mente de la ciencia del Yoga es aquietar la mente para que pueda escuchar sin distorsión alguna el infalible consejo de la Voz Interior.

Mi consejo es estar siempre conectada con Dios, somos parte de la mente de Dios, estamos dentro de la mente de Dios, entonces la idea es que, si no buscamos primero la sintonía consciente con Dios, nos desconectamos de la Fuente y, por lo tanto, no podemos recibir su ayuda. Pero si acudimos en primer lugar a Él para todas nuestras cosas, Él nos guiara' Dios nos revelara cuales son nuestros errores, de manera que podamos cambiar el curso de nuestras vidas.

Lo que yo percibo en el despertar espiritual ¿Qué es abrir nuestra conciencia?

Esta frase o termino acerca de "abrir nuestra conciencia", no puede entenderse a un nivel mental o intelectual, es más bien un camino para experimentar las experiencias y eventos en nuestras vidas, aprender de estas, y darle una dirección a la esencia de nuestro Ser, que luego nos ayuda a encontrarnos a nosotros mismos, descubriendo ¿Quiénes somos? y ¿Qué somos?

Aquí, expreso lo que significa para mí, "abrir nuestra conciencia" en base a lo que estoy viviendo en mi proceso personal.

Cuando decidí trabajar en mi interior, hace algunos años, lo hice siendo consciente que debía comenzar de nuevo, es decir comenzar a desaprender lo que había aprendido en mi niñez, soltar muchas cosas materiales, memorias, recuerdos, miedos, frustraciones etc., para luego cultivar mi confianza en la vida para poder expresar la verdad a través de mí.

Estaba cansada de no vivir realmente, solo estaba sobreviviendo. Esto fue el combustible que me animó y me ayudó en ese momento, yo quería verdaderamente comenzar a vivir.

"Abrir nuestra conciencia" es agudizar nuestros ojos para ver con claridad lo que antes estaba cubierto por las distorsiones de mi mente y por supuesto no podía ver la realidad.

Una enseñanza budista muy profunda y completa que he aprendido y la aplico en mi vida fue: "La no resistencia" me di cuenta de que mientras más practicaba esta enseñanza en mis experiencias, todo comenzaba a fluir con facilidad. Esta es mi práctica diaria la aplico en los eventos personales como en los eventos que suceden en el mundo. La filosofía budista considera que cuando resistimos creamos el sufrimiento, personal y del mundo.

"Abrir nuestra consciencia" no es tan fácil como parece, dediqué mucha práctica y tiempo. Continúo haciéndolo porque la verdad es que no existe un tiempo determinado para hacer este trabajo interior. Muchos maestros espirituales y personas que han dedicado su vida trabajando para lograr su iluminación, afirmar que esto nos tomara nuestras vidas más muchas otras vidas.

Todos nosotros seres humanos, hemos creado con nuestra mente, ilusiones, castillos de papel y de arena, basados en la mentira, a través de nuestro sistema de creencias que fuimos condicionados en la niñez. Esto nos da una idea clara del trabajo que tenemos que hacer para entregarnos a la verdad y despertar de nuestro sueño de ilusión, reconociendo nuestra esencia espiritual que constituye algo más que nuestra experiencia humana.

Otra herramienta súper importante es desarrollar y cultivar la confianza en la vida, reconociendo que existe una Inteligencia

Superior, (llamada Dios, Universo, Energía Divina, Espíritu Infinito) que te guía, te protege, te provee, te cuida

Yo creo que, con la práctica constante, nuestra perseverancia y mi conexión con la esencia divina de Dios en mí, todo es posible.

Muchos de nosotros entendemos perfectamente que somos seres espirituales, teniendo una experiencia humana. Algunos de nosotros estamos recuperando nuestros poderes de intuición, telepatía y visión psíquica. Otros están adoptando una conciencia de unidad y conexión con la tierra. Otros escogen ser maestros, líderes y activistas despertando las masas a las ilusiones de nuestra existencia mundana.

Estamos viviendo en el tiempo perfecto del despertar espiritual, que es el despertar de conciencia, vemos más y más personas despertando a la espiritualidad. Lo veo cada día en mi propia experiencia, con mis amigos, en las calles, en los supermercados, en los hospitales, en todo lugar, donde me encuentro o interactúo con gente común y corriente. Hay alguien que te cuenta algo maravilloso que paso o que está pasando en su vida. Podemos ver soluciones y resultados perfectos en situaciones y casos de retos muy profundos que solo es posible con la presencia de Dios.

Puedo considerarme parte de todo este grupo de seres que están en el despertar espiritual, cuando sentí ese llamado hermoso de que era tiempo de que escriba este libro. De haber podido escuchar el mensaje que mi intuición tenía para mí, teniendo la certeza clara en esa voz tenue, apacible y armoniosa que era Jesús o Dios hablándome. Siempre que recuerdo esta sublime experiencia me parece escucharla nuevamente, nítida y me siento profundamente agradecida por haber descubierto este don, este regalo de Dios.

Siento que hay un incremento en los acontecimientos del mundo y esto no es una coincidencia. Veo cada día personas que descubren sus dones como videntes, clarividentes, otras con habilidades intuitivas, y muchos otros con dones de sanadores descubriendo y cultivando esa energía en potencia que somos. Tú puedes ser uno de ellos, solo observa, se paciente y confía en tu "Ser Supremo", "Tu Yo Interno" y puedes ver, sentir, intuir las señales o signos de saber que eres parte de este despertar espiritual.

CONSEJOS DE VIDA QUE PUEDES SEGUIR ¿CÓMO ENCONTRAR TU PROPÓSITO?

Pregúntate ¿Qué me gusta hacer? ¿Qué me apasiona hacer, saber o aprender? ¿Qué me llena de alegría, gozo, energía y me satisface profundamente a mí y a todos los que están a mi alrededor? Así puedes juntar el amor y la pasión por lo que amas hacer, y seguidamente puedes preguntarte: ¿Cómo puedo mejorar el mundo y que puedo aportar a la humanidad? con los talentos y habilidades que poseo.

Como todos sabemos, la vida tiene secuencias, entonces ahora tú puedes unir lo que amas hacer, la pasión que pones en el hacer y el resultado de lo que haces ayuda a mejorar el mundo, entonces descubres tu misión en la vida. Es así como cuando descubres el propósito de tu vida, le das a tu vida propósito.

Trabajar en lo que amamos hacer, es muy bueno, no solo para cada uno de nosotros sino para todos los que están a nuestro alrededor.

Es bueno para todos los compañeros de trabajo, porque trabajamos responsablemente, con gusto y el resultado será excelente.

Es bueno para la sociedad porque nuestro trabajo afectará positivamente a quienes nos rodean.

Es bueno para nuestra familia y amigos porque seremos un gran ejemplo para seguir y demostraremos a los demás que sí, es posible trabajar felices, contentos en un ambiente de armonía donde nos pagan por hacer lo que amamos.

Mi deseo es que leyendo estas líneas encuentres alguna palabra, consejo o expresión que llame tu atención y puedas descubrir tu propósito, tomes control de tu vida, seas fiel a tu verdad, confíes en ti, seas honesto/a y puedas permitirte soñar tus propios sueños.

Recuerda siempre que cuando descubres tu propósito, sabes claramente hacia dónde ir, estarás seguro de lo que quieres en la vida y lo más importante debes saber que lo que amas hacer es algo que ayuda a mejorar las vidas de los demás.

Escucha tu corazón e incluye hábitos espirituales, en tu vida, así encontraras felicidad y balance en todo lo que hagas.

No importa la edad, estado o circunstancia en la que nos encontremos en este momento, todos podemos descubrir nuestro propósito. Una manera con la cual aprendí a descubrir mi propósito es ésta que voy a compartir con ustedes y deseo que les ayude. Es algo simple, pero requiere trabajo personal.

Cuatro preguntas claves que debemos hacernos:

1- ¿Qué amas hacer?
PASIÓN - MISIÓN

Piensa un momento y reflexiona, te darás cuenta de que hay en ti algo que te gusta hacer y que sientes que podrías pasar horas sin darte cuenta. A esto se llama pasión y es el ingrediente secreto para llenar tu vida de propósito y sentir satisfacción. Cuando haces cosas que te apasionan, lo haces porque quieres y eliges hacerlas y no solo porque debes hacerlas. Cuando haces lo que amas te llenas de energía, te emocionas te sientes bien

2- ¿En qué o para qué eres bueno/a?
PASIÓN - PROFESIÓN

Esto significa que debes revisar dentro de ti y ver todos los talentos naturales con los que viniste al mundo y que son solo tuyos, qué cosas son fáciles para ti y son difíciles para los demás. ¿Para qué te piden ayuda las personas que te conocen? Qué sabes hacer tan bien que solo tú puedes hacerlo, nadie más lo puede hacer mejor que tú.

Tus respuestas a estas preguntas te darán las pistas necesarias para descubrir tus talentos y habilidades naturales

3- ¿Por qué te pagan, haciendo que?
PROFESIÓN – VOCACIÓN

Aquí es muy importante que analices un poco sobre el balance que debes tener con el mundo espiritual y con el mundo material. Esto es un reto que los seres humanos enfrentamos. Plantéate esto:

- Lo que deseas hacer con lo que necesitas hacer
- Lo que amas y lo que te permite ganarte la vida
- Lo que vibra en tu espíritu y lo que te proporciona dinero necesario para vivir.

¿Qué trabajo tienes? ¿Para qué te contrataron? ¿Qué tareas realizas por las que te pagan bien?

Entonces cuando estás consciente que puedes mejorar el mundo y las cosas por las que te pagan descubres tu vocación.

4- ¿Qué necesita el mundo, ¿cómo puedes mejorarlo?
MISIÓN - VOCACIÓN

Ahora puedes ver que tienes tus talentos, tus pasiones y tus habilidades trabajando juntos. ¿Qué puedes hacer para beneficiar a un número mayor de personas? ¿Cómo puedes aportar al mundo con lo que tienes?

Cuando pones todo lo que amas junto a tu deseo de mejorar el mundo descubres tu misión.

En este proceso la misión y vocación están conectados para lograr y descubrir tu propósito.

Ahora pregúntate como te pagarían por hacer lo que amas hacer.

Trabajar en lo que amas es beneficioso no solo para ti mismo sino para todos los que están a tu alrededor, tu empleador, tu familia, tus amigos y la sociedad.

Cuando pones las cosas por las que te pagan y en lo que eres bueno, descubres tu profesión ideal. Entonces ahora tienes:

pasión + misión + vocación +profesión = Propósito.

Estas listo para tener tu propósito en la vida. Lo que tienes que hacer es unir tu pasión, tu misión, tu vocación y tu profesión.

No olvides que el propósito de tu vida es darle a la vida propósito.

¿CÓMO PUEDES COMENZAR A VIVIR EL AQUÍ Y EL AHORA?

Comienza ahora mismo, en este mismo instante a aprender a estar más consciente en todas las cosas que hagas, esto te ayudará a tomar mejores decisiones en tu vida personal. La mayoría de nosotros, seres humanos tomamos decisiones inconscientemente muchas veces en la vida. ¿Te has preguntado por qué? Quizás sí, o tal vez no. La razón es que nos hemos convertido en reflejos condicionados que están constantemente activados por gente o circunstancias y nuestras reacciones parecen automáticas y olvidamos que estas decisiones siguen siendo decisiones que tomamos cada momento de nuestra existencia.

Vivir el aquí y ahora es estar consciente de lo que pasa a tu alrededor. También es entender que el pasado, es todo lo que ya viviste, positivo o negativo, terminó su función, terminó su ciclo, y no existe más ya pasó, y el futuro es todo lo que estas anticipando, suponiendo pero que no es tangible, es un misterio. Por supuesto que puedes permitirte recordar el pasado positivo, recuerdos que te brinden alegrías, satisfacciones, momentos de gozo. Un ejemplo puede ser ver fotografías de vacaciones. Esto puede ser muy gratificante, pero al mismo tiempo también puede ser deprimente porque eso que tenías, ya no está más.

Algo diferente sería, si recuerdas un viaje y las experiencias que has vivido, y todo lo que has aprendido, entonces si tendrás algo positivo que puedas traer de vez en cuando a tu vida presente.

Si deseas conectarte con el aquí y ahora lo mejor que puedes hacer es centrar tu atención en aquello que estás haciendo. Nuestra mente tiende a divagar muy fácilmente. Disponemos de un potencial inmerso, pero no le sacamos provecho. Si te enfocas en lo que haces, te sorprenderá ver lo rápido que se esfuman tus pensamientos automáticamente cuando tu conciencia se centra en una tarea concreta.

Algo muy importante para vivir aquí y ahora es no tener sentimientos acumulados en el corazón. Está bien todos experimentamos momentos de tristeza, sufrimiento, miedo, felicidad, dolor o angustia, y es necesario que expresemos nuestras emociones sin miedo ni prejuicios. Puedes elegir disfrutarlas y abrazarlas mientas están contigo y dejarlas ir para dar la bienvenida a nuevos sentimientos, positivos de alegría y armonía.

También puedes comenzar creando hábitos positivos, como por ejemplo el de agradecer todo lo que tienes. Practicar gratitud es el regalo más grandioso para mantener tu atención presente.

Otra practica es volverte tu propio observador. Todo es como es. Observa cómo tu mente etiqueta lo que ve o lo que está pasando contigo en este momento, y cómo este proceso de etiquetarlo todo, se queda en tu mente y continúa juzgando, creando en ti dolor e infelicidad. Cuando observas el mecanismo de la mente, tú sales de sus patrones de resistencia, y entonces puedes permitir que el momento presente se dé.

Esto solo te da una idea de la libertad del estado interior desde las condiciones externas, el estado verdadero de la paz interior. Luego veras lo que sucede y toma medidas si crees necesarias o posibles.

Acepta, luego actúa. Cualquiera que sea el momento presente, acéptelo como si lo hubieras escogido. Trabaja siempre con él, no en su contra. convirtiéndolo en tu amigo y aliado, no en tu enemigo. Esto transformará milagrosamente toda tu vida

SER RESPONSABLE MEJORA TU VIDA

Tomar responsabilidad es asumir un rol activo ante las dificultades que se presentan en nuestras vidas, buscando maneras de darles solución como también trabajando para conseguir nuestros objetivos por nosotros mismos, en vez de culpar a otros por nuestras acciones y decisiones. En muchos casos buscando a otros que arreglen o solucionen nuestros problemas.

Deseo sugerirte que, si quieres continuar incrementando tu autoestima, es primordial que continues asumiendo responsabilidad de todo lo que hagas, tus acciones, decisiones y las consecuencias que estos generen. Esto te ayuda a afianzar con certeza la confianza en ti mismo y te prepara para la vida.

Cuando tomamos responsabilidad de nuestra vida, esta implica ser responsable de todas nuestras elecciones y acciones. Incluye nuestro tiempo, nuestro trabajo, nuestro cuidado personal, nuestras relaciones familiares y de amistades, de nuestros pensamientos, nuestras emociones, el significado de nuestra existencia y mucho más.

Si deseas que tu vida mejore, entonces comienza a tomar responsabilidad de tus acciones, cuando haces esto es como poner los malos hábitos detrás de ti, para poder avanzar por un camino nuevo. La responsabilidad es algo vital muy bueno. Claro que muchas veces cometerás errores, pero no hay nada malo en esto, lo único importante aquí es que aprendas de esos errores. Mientras seamos seres humanos nos equivocáremos en el transcurso de nuestras vidas, entendiendo que son parte de esta y que queramos o no vamos a tener que hacerles frente en cualquier momento.

Desafortunadamente, tenemos malos ejemplos para seguir, los que nos muestran los medios de comunicación, revistas, programas de televisión, películas etc. En general la sociedad, por esto es importante que tengas que aprender a convertirte en tu propio y mejor ejemplo. Nadie puede guiarte mejor para trasformar tu vida que tú mismo.

Cuando tomes tu responsabilidad, no te enfoques en el error que cometiste por el contrario mira las opciones que hay disponibles para hacer bien las cosas. Por ejemplo, si presentas un informe incorrecto a tu jefe superior, deberás asumir tu responsabilidad y buscar una manera de resolver el problema. Una vez que aprendas a responder razonablemente por tus actos entonces podrás ver el camino que te conduce al éxito.

Si decides ser el amo y dueño de tu propia mente y cuerpo, entonces comienza ya, ahora mismo a tomar responsabilidad de tus acciones, pensamientos y emociones. Se firme en el cumplimiento de todas tus tareas, hazlas con amor y dedicación, no importa que estas sean insignificantes dales el mismo valor.

Cualquier cosa que hagas, por pequeña que sea, es un paso más hacia tu crecimiento personal.

CERRANDO CICLOS EN TU VIDA

Muchos de nosotros tenemos la tendencia o el hábito de acumular nuevas relaciones, nuevos trabajos, nuevos retos de salud, nuevas preocupaciones financieras antes de haber dejado los viejos patrones, como si desviando nuestra atención de los problemas que tenemos, estos van a cambiar las cosas.

Debemos aprender a tener una nueva relación con nosotros mismos antes de asumir nuevos socios, aceptemos con amor nuestro empleo actual antes de movernos a uno nuevo, eliminemos pensamientos que crean problemas de salud y cambiemos nuestras actitudes con respecto al suministro y provisión, por ejemplo, cuando decimos:

—*No puedo tener una propiedad porque no tengo los recursos necesarios.* Con estos pensamientos estamos actuando desde la mente del ego, pero si estamos conectados con la esencia divina de Dios podemos decir:

—*Yo tengo todo lo que deseo porque Dios es mi fuente infinita inagotable, soy próspero.*

A lo largo del libro de Lucas, Jesús nos enseña que vivir en el reino de Dios significa ver a Dios, y no al esfuerzo humano, como la fuente esencial de todo lo que necesitamos para la vida. Nuestro trabajo es la participación en la gracia de la provisión de Dios. Con Dios en nosotros, todo es posible.

Mi consejo es que comiences en este momento, no es importante donde estés ahora y cierra los ciclos de tu vida adecuadamente. Lo primero que yo hice fue entender que los ciclos son procesos de la vida que comienzan, se desarrollan y concluyen, entonces debía dejar ir. Cierro ciclos cuando el proceso ya se completó y solo quedan restos de este. Cerrar ciclos solo se puede hacer de manera consciente, ¿por qué?, porque ya no hay nada a que aferrarse, pero mentalmente seguimos aferrados a los pensamientos.

Los ciclos no se cierran ignorando lo que paso para obviar el sentirnos mal. La mejor manera es revisar paso a paso, cada una de las vivencias o experiencias que formaron parte de ese proceso, para luego identificar el comienzo, los momentos más relevantes y las sensaciones que experimentamos.

Con todo esto en manos puedes hacer una evaluación de las vivencias positivas y quizás las complicadas también que pasaron en este ciclo. Qué aprendiste y qué no, qué aporto a tu crecimiento y como ha contribuido a tu crecimiento personal.

Recuerda siempre esta verdad, no podemos vivir en el presente deseando el pasado y tampoco deberíamos ni siquiera preguntarnos por qué o que paso. Lo que viviste ya paso, hay que soltar, hay que dejarlo ir. Solo piensa por un instante, ¿crees que podemos ser niños eternos?, ¿qué podemos ser adolescentes por siempre? o ¿ser empleados de una empresa de por vida?, por supuesto que no, es imposible. Entonces es necesario cerrar ciclos, etapas, para seguir creciendo, aprendiendo y evolucionando. El cambio es esencial.

En mi experiencia cerrar ciclos me ha ayudado a crear espacio para el nacimiento de algo nuevo, fresco.

¿Cómo practicar el perdón?

Muchos estudios revelan que el Perdón es la practica esencial para nuestra evolución o crecimiento espiritual, pero nuestra sociedad ha creado algo irreal respecto al perdón y lo considera como un regalo que se otorga a la persona que causo el daño o que causo el sufrimiento.

Gracias al acceso que tuve al libro Un curso de Milagros, hace varios años he cambiado mi manera de ver lo que realmente es el perdón, me ayudó a ver con claridad, disipando mis dudas.

Puedes comenzar pensando en alguien que te cae mal, o alguien que te irrita o quizás alguien a quien no quieres ni ver, alguien a quien detestas o simplemente alguien que siempre te ignora. Estoy segura de que solo leyendo estas líneas ya sabes quién es esa persona, y ya la tienes en tu mente.

Cierra suavemente tus ojos, y comienza a visualizarlo en tu mente, contemplado por un momento. Trata de percibir alguna pequeña luz en alguna parte de él, algo que nunca habías notado. Sigue allí tratando de encontrar alguna chispa de luminosidad brillando a través de la no muy agradable imagen de él, que tú has creado. Continua allí hasta que veas esa luz en alguna parte de esa persona, entonces trata de expandir esa luz que cubra completamente a dicha persona y transforme esa imagen en algo bueno y hermoso. Contempla esta nueva percepción por un momento. Ahora trae a tu mente la imagen de alguien a quien consideras un amigo. Trata de transferirle a este la luz que aprendiste a ver en la persona anterior que considerabas tu enemigo.

Percíbelo ahora como algo más que un amigo, pues en esa luz su santidad te muestra a tu salvador, salvado sano e íntegro.

Permite entonces que él te ofrezca la luz que ves en él, y deja que tu enemigo y tu amigo se unan para bendecirte con lo que tú les diste. Ahora eres UNO con ellos, tal como ellos son UNO contigo. Ahora te has perdonado a ti mismo.

Otra practica para perdonar es pensar en algo o alguien que no hayas perdonado por ejemplo una relación con tu exnovio que te dejo, una despedida de trabajo sin justificación, etc. Ahora busca en tu corazón una situación de ira, rencor, ansiedad, resentimiento, dolor u odio. Una vez que hayas identificado el motivo para perdonar escribe una carta con tus propias palabras y describe a esa persona o situación que te ha hecho daño.

Cuando hayas terminado la carta, puedes escribir algo como esto:

He elegido perdonarme y perdonarte, me libero y te libero. Estoy en paz, me siento libre como el viento, soy amor, soy un jardín fresco y próspero. Yo solo tengo amigos, yo perdono siempre y me amo.

Si deseas profundizar esta práctica, te sugiero que leas estas frases durante una semana y visualices a la persona o situación que creíste que te hizo daño o te hirió haciéndote sufrir.

Deseo decirte que perdonar implica reconocer el error cometido y saber que se quiere hacer algo para remediarlo. Yo aprendí a perdonar porque reconocí que yo también me equivoco.

Dejo algo para que recuerdes cada vez que perdones que el acto de perdonar tiene una importancia inmensa porque se convierte en salud completa, mental, física, emocional y espiritual, porque te libera del resentimiento.

¿CÓMO PRACTICAR LA GRATITUD?

Ser agradecido es el sentimiento más trascendente que concentra mucha humildad y expande más amor. La mayoría de nosotros sabemos la importancia que tiene expresar nuestro agradecimiento a todos los que nos ayudan de una u otra forma y reconocer en silencio las cosas por las que estamos agradecidos en la vida.

Existen muchos estudios realizados acerca de la gratitud, y estos han vinculado la gratitud con una extensa gama de beneficios, que inclusive fortalecen nuestro sistema inmunológico, mejora los hábitos del sueño, ayuda a que nos sintamos más optimistas y en muchos casos se experimenta más alegría y placer, aumenta nuestro deseo de ser más generosos más serviciales y sentirse más acompañado en unión con otros.

Ser agradecido, es un acto simple pero poderoso que lo cambia todo. No permitamos que nuestros pensamientos negativos, llenos de temor controlen nuestras vidas y su realidad. La verdad es que todos tenemos el poder para recuperar nuestras mentes y dirigir nuestra energía de una manera positiva, sirviendo tanto a los que nos rodean como a nosotros mismos. La gratitud nos ayuda a lograrlo más rápidamente. Considero que es un paso importante para desenlazar nuestros hábitos mentales negativos.

Si deseas saber que realmente existes, entonces la vida es una experiencia preciosa, milagrosa y única, entendiendo el valor de mantenerte presente con un corazón agradecido. Ser agradecido es un estado de receptividad que podemos acoger voluntariamente con un poco de práctica. Mediante la gratitud, accedemos a la Presencia de Dios.

La vida es un fluir constante de dar y recibir, agradece por todo lo que tienes, en vez de quejarte por las cosas que no tienes. Si pones tu atención en la gratitud veras como la prosperidad y la abundancia vienen a tu vida.

Podemos recibir las bendiciones de estar vivos. Al abrir nuestro corazón y alinear nuestras mentes y pensamientos con sentimientos de gratitud, somos testigos del verdadero encanto de la vida. Es una magia indescriptible, única para cada uno de nosotros.

Cuando aprendes a decir "gracias" por todas las experiencias que tengas, te mueves desde un espacio de -resistencia en el que te sientes víctima -hacia un espacio de aceptación, en el cual podrás estar bien con el cambio e incluso acogerlo eventualmente. Este acto sencillo nos permite seguir hacia adelante con nuestras vidas. Desafortunadamente, la mayor parte del tiempo estamos tan ofuscados, ya sea evitando el dolor o sobreviviendo el día, que nos olvidamos decirnos a nosotros mismos: ¡Que bueno! La naturaleza es una maravilla. El almuerzo es delicioso. Puedo ser la persona que quiero ser ahora.

Expresa gratitud en todo, la gratitud es como el arte, tiene forma, estructura, y se requiere destreza para cultivarla, desarrollarla y, posteriormente, apropiarse de ella como una forma de vida. El arte de la gratitud significa que hay una manera de vivir en la cual sentir agradecimiento es un estado general de consciencia, tanto en días buenos como en días no tan buenos. Empieza a cultivar tu gratitud y esfuérzate para que prospere.

Sentir gratitud cada día, es sentir agradecimiento constantemente, no solamente en el día de acción de gracias, sino todos los días de nuestra vida.

Recuerda siempre de dar gracias a esa presencia divina en la que crees de la oportunidad de descanso que te concede, del trabajo que tienes y te proporciona ingresos y haz cada vez lo mejor que puedes. Cuando hacemos un buen trabajo consciente y responsable, este nos brinda alegría del deber cumplido. Camina siempre adelante, segura en la dirección que te has propuesto para lograr tu desarrollo y progreso. Enfócate en tus objetivos.

Si no pones tu mejor esfuerzo, nunca podrás llegar a la cima de la montaña. En la medida que avances los horizontes se tornaran amplios y hermosos, pero ten en cuenta que tendrás retos en el camino, esto es parte del proceso, no permitas que esto te detenga o te desanime. Confía, porque la vida es infinita y continuará por siempre. Procura aumentar tus conocimientos y saber que cada desafío es tu oportunidad para aprender y continuar creciendo.

Una práctica sería dar gracias dos veces al día. Una al levantarnos podemos preguntarnos: "¿Por qué cosas y personas estoy agradecido? y ¿Qué está bien en mi vida en este momento?" con tus respuestas a estas preguntas haz una pequeña lista de tres cosas. Por ejemplo: Soy agradecida por la casa que me cobija, y soy agradecida a mis amados padres por darme la vida; mi salud esta perfecta en este momento, me siento bien. Al final del día, haz un repaso de los puntos más sobresalientes, y escribe tres cosas más. Para mí considero las pequeñas cosas como: tengo acceso al agua limpia y caliente, disfruto un buen café, mi hermoso trabajo que amo etc., tu considera lo que tu desees después de revisar tu día. Esto es lo que me hace fluir en un río de gratitud.

Otra practica simple es solo tomar una pluma y papel y simplemente escribir por todo lo que sientes agradecimiento en tu día a día. Pequeños detalles que te han hecho sonreír o sentirte contenta.

APRENDE A MEDITAR

La meditación es una práctica milenaria. Su origen se remonta a la India, hace miles de años. No está claro desde cuándo es practicada, pero existen documentos como evidencia que existió desde los años 1500 a.C. La introducción en Occidente se produjo varios siglos después, y se considera más o menos desde el año 1900.

Dalai Lama afirma que la meditación es el "estado natural de la conciencia". Esta práctica nos permite entrenar la mente para lograr la calma.

En alguno de los capítulos anteriores yo he mencionado como una de mis prácticas espirituales la meditación. La considero una herramienta espiritual poderosa que me ayuda muchísimo a mantener tranquilidad y tener paz interior para poder manejar mejor toda situación o evento que experimente en mi diario vivir.

Si todavía no sabes cómo meditar, aquí te proporciono algunos consejos para aprender a meditar y quizás, después consideres incluirla en tu vida diaria.

Para comenzar hay que considerar algunos pasos.

A- Relajación- La relajación ayuda a liberar las tensiones del cuerpo para que la mente pueda concentrarse.

- Sentarse en una silla con la columna vertebral recta, brazos y manos relajados. Los codos fuera de los brazos de la silla, en caso de que la silla tenga brazos. No cruzar ninguna parte del cuerpo, sentarse cómodamente.

- La mente controla el cuerpo. En este momento usa tu mente para dirigir el proceso de relajación, entonces háblale a tu cuerpo con la mente.

B- Concentración- La concentración es el proceso de reducir el enfoque de la mente a través del pensamiento continuo y contemplativo. La mente esta siempre en movimiento natural. El deseo de que la mente este quieta, solo agrava el problema, porque la mente comenzará a instalarse en la quietud, pero, si le damos algo en que se concentre o entretenga, entonces esto ayudará a atraer la mente consciente hacia adentro. Aquí hay tres formas de hacerlo.

- **Mirar los pensamientos sin involucrarse con ellos** – Puedes convertirte en el observador. Por ejemplo: Si alguien mira a una persona fijamente por un período de tiempo, esa persona mirará a otro lugar. Exactamente los pensamientos responden de la misma forma. Si los observamos sin involucrase en ellos, pronto se desvanecen o desaparecen.

• **Utilizar un mantra o una palabra sagrada para enfocarte en la conciencia** – Esto es muy eficaz funciona como un ancla en un barco que está tratando de permanecer inmóvil en un mar tempestuoso. Si tu mente trae pensamientos, simplemente regresa a la conciencia repitiendo el mantra o la palabra sagrada que tú has creado.

Ejemplos de Mantras: Soy Luz; Estoy sano y completo; Dios es mi fuente infinita; Soy amor, Soy paz.

Ejemplos de palabras sagradas: Bondad; Verdad; Misericordia; Amor; Armonía, Comprensión etc.

• **Observar al observador - Conviértete** en el testigo del testigo. El único que busca es el que está buscando.

Cualquiera de estas 3 formas te ayudará a concentrarte. La concentración libera recuerdos y memorias inconscientes en el alma que han sido suprimidos o deprimidos. La concentración sirve como una fuerza penetrante que trae estas memorias a la superficie para observarlos conscientemente. La meditación funciona como un catalizador.

Después de la concentración estamos listos para pasar a la

C-Meditación- En la meditación se produce la inmersión total de la mente o un punto de concentración.

Las Escrituras se refieren a ella como un "solo ojo" que es una vivencia de una conciencia calmada por un periodo determinado de tiempo. Esto no es algo que hacemos; esto es algo que sucede como resultado de la relajación, la concentración, la rendición y la reverencia de la Voluntad Divina. Nuestro trabajo es seguir estableciéndonos en la correcta postura interna y externa. Cuando hacemos esto, el funcionamiento natural de las tres fases de la mente comienza a tener lugar, y nos encontramos asimismo meditando de adentro hacia afuera.

En el nivel más profundo de la meditación es como si una puerta que esta atascada se abre y somos irresistiblemente jalados rápidamente hacia adentro por una fuerza invisible. La distancia entre el estado de meditación y el silencio es desconocida, no se puede medir ni controlar.

Es aquí en el silencio de la meditación donde podemos conectarnos con la divinidad de Dios.

Agradecimiento, acción de gracias - Al final de la meditación siempre damos gracias, reconociendo a Dios como la fuente de todo nuestro bien. Continuamos experimentando la expansión de la conciencia al abrir nuestras mentes y corazones a la manifestación de nuestro deseo. Recordemos siempre terminar nuestro tiempo de meditación con un sincero "Gracias a Dios" y así es.

REALIZACIÓN DEL SILENCIO

El silencio es un estado de conciencia que entra dentro del propósito de poner al hombre en contacto con la Mente Divina para que el "Yo Soy" pueda escuchar la pequeña voz tenue, la experiencia de Dios.

Resultados positivos de la experiencia de la meditación o conectarse con el silencio.

-Transformación de la conciencia
-Curación de las memorias del alma
-Borra o elimina el karma

-Hay una verdadera orientación
-Hay perdón verdadero
-Autorrealización.

Deseo sinceramente que esta pequeña guía te ayude y comiences a aprender a meditar, no te imaginas que tan beneficioso es tener esta herramienta espiritual en nuestras vidas. **¡Bendiciones!**

TODO ESTÁ SINCRONIZADO - CONÉCTATE

Mientras estemos enfocados poniendo toda nuestra atención al mundo exterior, sumergidos en el sueño profundo de las cosas materiales dando más importancia a nuestra rutina diaria llena de problemas, obligaciones, y todas las situaciones que nos conciernen, entonces seguiremos cegados ante todas esas sincronizaciones que están presentes a nuestro alcance y que sería de gran beneficio si nos detuviéramos un instante en observarlas. Cuando logramos dejar caer los velos creados por nuestra mente podremos ver el verdadero milagro que las sincronizaciones nos brindan para mejorar y vivir en armonía y tranquilidad.

Tenemos el hábito de pensar que esto solo les sucede a ciertas personas, sin embargo, estamos rodeados de las señales de la sincronización, porque el universo esta siempre sincronizado. Le sucede a toda persona, en cualquier momento, tiempo y lugar. Lo más importante es estar atentos y poner atención.

Estas señales son perfectas, están allí constantemente. Lo hermoso es que están allí, así te des cuenta o no, lo sepas o no lo sepas, no interesa están allí para ti cada vez que te permitas verlas y aunque no las veas, también están allí.

Una experiencia sincronizada viene a nuestras vidas cuando menos lo esperamos, en el momento exacto, cambiando en muchos casos la dirección de nuestro camino e influyendo en nuestros pensamientos. El único requisito es que tenemos que estar receptivos y atentos al mundo que nos rodea, creando la apertura a esa posibilidad de sincronicidad.

Mientras más alertas y atentos estemos con respecto a nuestro entorno, más probabilidades habrá de que ocurra a nuestro alrededor o al menos, que le prestemos atención. Estas pueden ser pequeñas conversaciones, un mensaje o anuncio en la radio, un artículo que lees en un periódico, revista o un mensaje publicitario que ves en la autopista cuando estas conduciendo, que será exactamente la respuesta a lo que estas buscando, o necesitando y muchas veces hasta encuentros completamente ajenos e inesperados que pueden ser positivos o negativos, puede ser la pérdida de un objeto personal, un encuentro inesperado con una amistad que no veías desde tu juventud, un problema con la electricidad en la oficina, que hubo necesidad de cerrar la oficina por unos días, etc. Sólo tenemos que estar atentos.

Entonces dejemos a las circunstancias fluir y no presionemos ni forcemos la ocurrencia de sucesos o la voluntad de las personas, mientras mantenemos una actitud receptiva y de apertura, dejándonos llevar por nuestra intuición y nuestra sabiduría interior, nos abriremos a la magia que nos ofrece la experiencia de la sincronicidad. Si sabemos escucharla puede convertirse en una buena guía para nuestras vidas.

¿CÓMO AMARSE A SÍ MISMO?

Mi consejo en este aspecto es que las personas que tienen una dosis fuerte de amor propio, no se preocupan de saber cómo los ven los otros. Si te amas a ti mismo nunca te compares con nadie porque no tienes competencia, la única persona que podría suponer un reto para ti, eres tú mismo.

Si piensas que todavía no sientes amarte a ti mismo, entonces piensa en mejorar como persona y poco a poco estarás desarrollándote en las áreas que creas necesarias para ser cada vez mejor ser humano. De esta manera lograras beneficiarte a ti mismo y por ende ayudaras a otras en su camino.

Puedo asegurarte de que serás un ejemplo para aquellos que desean mejorar su amor propio. Amarse a sí mismo es considerado un aspecto importante de amor propio y bienestar. Estudios al respecto han demostrado que la práctica del amor propio está asociado con un incremento en la felicidad y una gran satisfacción con la vida.

Tener en cuenta el amarnos a nosotros mismos significa tomar el tiempo para estar presentes en nuestros propios cuerpos. Las personas que practicamos el amor propio con regularidad tendemos a saber lo que pensamos, queremos y sentimos.

- **Deja de juzgarte a ti mismo y a los demás.** Es momento de hacer un cambio, lo has hecho por tanto tiempo que ahora puedes hacer cambios que te ayuden a amarte.

- **Escoge pensamientos nutritivos y se paciente y gentil contigo mismo.** Toma tu tiempo, todo es paulatino.

- **Se amable con tu mente.** Principalmente cuando te das cuenta de que estas alimentando tu mente con pensamientos de dolor, de culpa de resentimiento, envidia, ansiedad etc., gentilmente haz el cambio necesario.

Cuida tu cuerpo y quiérete, no esperes a que todo esté ordenado en tu vida para comenzar a amarte, hazlo ahora. Comienza por pequeños cambios en tu dieta, agrega más vegetales, frutas, reemplaza las sodas por agua o jugos nutritivos hechos en casa. Pregúntate: ¿Que necesita tu cuerpo para tener más energía y vitalidad? Al mismo tiempo quiérete, felicítate sobre los cambios que estás haciendo, y encuentra maneras de divertirte en todo lo que hagas. Una manera fácil de divertirse con lo que se hace es recordando lo que te hacía feliz cuando eras un/a niño/a y expresa tu alegría de vivir, sonríe, ríe, alégrate y el universo te corresponderá con la misma alegría.

Amarse a sí mismo o el amor propio es el pilar fundamental de nuestro equilibrio emocional. Sabemos que un amor propio positivo es un motor de energía que nos impulsa a conseguir nuestras metas, nos da seguridad, valor y confianza para afrontar los problemas que se presenten.

Amarse a sí mismo implica cuatro puntos importantes que se debe aprender y aplicarlos constantemente a uno mismo.

Respetarse a sí mismos, tratarnos bien.

Tener tu propio concepto. Es la imagen que cada uno de nosotros tiene de sí mismos, es como la capacidad de auto reconocernos.

Aceptarnos a sí mismos, tal como somos, con lo bueno y lo no bueno, lo que podemos cambiar y lo que no podemos cambiar.

Tener nuestro propio conocimiento. Es decir, el conocimiento propio, la madurez de conocer nuestras cualidades y defectos y apoyarse en nuestras cualidades para mejorar nuestros defectos.

Mi sugerencia es revisar estos puntos para estar seguro de la visión que tenemos de nosotros mismos. Normalmente sucede que en nuestro diario vivir damos más importancia a los mensajes negativos, la crítica, el juzgar, la frustración que, a lo positivo, los elogios, la motivación, el gozo confiando en nuestras capacidades.

Conviértete en un instrumento de amor, una manera de practicar la verdad es viendo las cosas o las personas correctas y puras en vez de enfocarse en lo equivocado y tratar de corregirlas. El punto importante aquí está relacionado directamente a ti por la gran necesidad de cambiar tu conciencia, disolver tus prejuicios y sanar tus miedos. La verdad es solo para ti. Sí deseas lograr una vida efectiva y ser un instrumento eficaz de amor y armonía, entonces puedes comenzar con este proceso práctico que te ayudara a ser una influencia positiva en tu comunidad y estarás centrado en un círculo de protección. El amor es la respuesta.

Puedes hacer esta pequeña práctica cada día antes de ir a dormir.

Siéntate cómodamente, toma dos respiraciones profundas y luego centra tu atención en tu corazón; ahora permite que ese amor fluya desde tu corazón a tus brazos y viaje al centro de la palma de tus manos, desde donde este es ofrecido al mundo y a ti. Gira tus brazos hacia ti dándote un gran abrazo, un abrazo del inmenso amor incondicional que eres capaz de darte a ti misma y decirte.

Yo soy _____ (pronuncia tu nombre completo con confianza y serenidad) y repite: Me amo y me acepto como soy, entero y completo. Estoy a salvo"

Haz de esta práctica un recordatorio de tu gran capacidad para amarte a ti mismo.

ÁMATE A TI MISMO — ERES AMOR

El amor es un estado del ser. No está afuera, sino en lo más profundo de tu interior. No puedes perderlo; el amor no puede abandonarte.
-Eckhart Tolle

Amarse a sí mismo es la base para vivir la vida que quieres. Una vida feliz y saludable tiene sus raíces profundas y fuertes en EL amor propio, y perdonar es un acto de amor propio.

El amor es vida y expansión. Es la energía que une y armoniza toda la creación. Todos hemos sido creados del amor de Dios el cual fluye a través de cada uno de nosotros, por lo tanto, existe una partícula del amor divino de Dios en nuestro interior.

Cuando nacemos somos esencia pura del amor y este se percibe a flor de piel, damos y expandimos amor naturalmente. Pero a medida que crecemos, nuestra atención va desviándose y comenzamos a dar importancia a otros aspectos relacionados al mundo y poco a poco vamos olvidándonos que realmente somos amor. Pero el amor que somos permanece inmutable, intacto en nuestro interior.

Amarse así mismo es un aprendizaje un proceso que requiere esfuerzo y una transformación de hábitos, emociones y conducta. Aprendemos a ser amistosos con nosotros mismos primero para luego ser amigos de otros porque si estamos en guerra interiormente con nosotros mismos es imposible ser amigo de otro.

La verdad es que, a ninguno de nosotros, me refiero a todos los seres humanos, nos enseñaron a amarnos a sí mismos. No sabemos cómo amarnos. Esto significa que fueron nuestros padres los que debieron hacerlo y prepararnos para enfrentar con amor nuestros retos, errores, situaciones entre otros y no hacernos tanto daño en el recorrido de nuestras vidas cuando estamos creciendo.

Por esta razón es que tenemos que aprender por nosotros mismos a amarnos a nosotros mismo y recordar al amor que somos y que yace dentro de nosotros en espera de nuestro retorno a nuestra esencia el amor.

Amarse a sí mismo es establecer la base para tener una mejor relación con uno mismo y todos los que nos rodean.

Podemos ver muy claro que las personas que no se aman a sí mismos están más propensas a sufrir, a sentirse débiles, de tener muchas dudas de ellos mismos y de todo lo que les sucede en su caminar por la vida.

Para comenzar a amarte a ti mismo tienes que aprender a aceptarte con todo lo bueno y malo que hay en ti, sabiendo que eres mucho más de lo que crees ser.

También tienes que aprender a celebrar el milagro único de que existes. No hay ninguna otra persona que sea como tú o como yo en el planeta entero, por lo tanto, mereces celebrar tu existencia, el milagro de la vida, si la vida que es infinita. Es importante reconocer tus valores más altos y también tus límites. Si no los conoces todavía, este es el momento de iniciar tu búsqueda.

Quizás encuentres la ética, el respeto al prójimo, la tolerancia, la bondad, la solidaridad, el amor, la responsabilidad, la honestidad, la amistad entre otros. De igual manera reconoce tus límites y tal vez encuentres el miedo, el sufrimiento, la culpabilidad, la muerte y la lucha entre otros.

Puedes revisar tu dialogo interno lo que normalmente te dices mentalmente y aprender un nuevo lenguaje. Es fácil reconocer las palabras o frases que llevan un mensaje negativo como;

-No soy capaz de hacer esto. No puedo.
-Si lo hago, al final nadie me aprecia.
-No tengo derecho a decir "No"
-A nadie le importa lo que hago.

Recuerda que repitiéndote estas frases mentalmente una y otra vez, al final acabas creyéndotelas, cuando la verdad es que no es así. Inconscientemente te pones limites, esto no existe, son tus creaciones.

Respetarte es primordial para amarte a ti mismo. El amor que das a otros empieza en el amor que te enseñas a ti mismo.

Valorarte, otro ingrediente necesario que debes aprender. Hay una frase que se debería tener presente que dice: ¡Somos dignos y merecedores de afecto! Si construyes desde el amor que eres, puedes crear cimientos fuertes y resistentes. La clave de esto es estar consciente de que tienes derecho de recibir tanto de ti mismo como de los demás.

Otro punto importante para considerar cuando estas aprendiendo a amarte a ti mismo es divertirte. Recordando cosas que te hacían feliz cuando eras niño y puedes incorporarlas en tu vida presente. Permite que tu alegría de vivir se exprese en lo que haces. Sonríe siempre donde vayas, y ríe todo lo que puedas, en particular ríete de tus propios errores.

Alégrate que de estos errores aprendes las lecciones de vida y verás que el universo se alegrara contigo.

Amarse a sí mismo es una práctica constante, en la que vas conociendo tus cualidades y virtudes, que definitivamente es una tarea enriquecedora para ti.

En mi experiencia personal puedo decir que desde que comencé a considerar firmemente mis virtudes, me siento más segura de mí misma, más confiada y esto me ayuda a crear mejores impresiones en las demás personas, a ser un ejemplo para otros y manejar mejor las situaciones en mi diario vivir.

He aprendido que no importa lo que los otros estén pensando, esperando, planeando, lo más importante es lo que yo esté siendo en relación con esto. Las personas más amorosas, las que se aman a si mismo son personas que sienten un profundo y verdadero amor y respeto hacia sí mismos.

Puedo decir que el amor a si mismo es un gran valor que todos deberíamos cultivar para amarnos unos a otros y vivir en armonía.

Para mi amarse a sí mismo es lo más maravilloso que puede pasarnos, porque el amor es la medicina más extraordinaria para curar todo en nuestras vidas. El reto más grande es vernos a sí mismos exactamente como somos, siendo honestos con nuestro propio ser.

Amarme es estar enamorada de todos los seres, de mis padres, de mis hermanos, de mis amigos de la gente que camina por las calles, de aquellos que me lastiman, de los que me juzgan y muchas veces sacan provecho de mí. Es ver la luz donde parece haber oscuridad.

Amarme es abrir mi corazón a tal punto que nadie pueda quedarse sin ser amado por mí, que nadie se quede fuera de esa onda de amor que se expande desde mi ser. La verdadera compasión no discrimina. Nadie puede salvarse de mi cascada de amor sin mente y libre de juicio. "Esto es amor"

Cuando aprendí a amarme sentí mi amor propio fluyendo en mi ser, y todo comenzó a cambiar en mi entorno. Nuevas ideas reemplazaban a las viejas, mi energía fluía mucho mejor, estaba abierta a experimentar nuevas frecuencias como entendimiento, compasión, armonía, paciencia usando mi corazón primero. Sentí que mi niña interna se liberaba, se siente contenta y mi espíritu se ha elevado, me siento amada por mí misma.

Si elegimos el amor incondicional a sí mismos, como nuestra guía, podemos comenzar a sanar las heridas del pasado y crear relaciones completas, saludables y gratificantes en cada área de nuestras vidas. El amor propio es el secreto genuino de la felicidad

Aprender a amarse es como aprender cualquier otra cosa en la vida, pero esto toma tiempo y práctica. Sé paciente contigo mismo, así como cometes errores para aprender, se paciente con otros mientras ellos están aprendiendo.

Puedes creer que el amor que hay en ti es tan inmensurable que podrías sanar a toda la humanidad, pero por ahora úsalo para sanarte a ti mismo.

Mi deseo más ferviente es que el material contenido en este libro sencillo, pero al mismo tiempo profundo, les ayude a entender y comprender el ¿por qué? de todas estas situaciones, conflictos, retos, circunstancias, oportunidades, y otros en nuestras vidas y cómo podemos manejarlas, pero lo más importante como enfrentarlas de la manera más positiva, siempre preguntándonos: ¿Que debo aprender en esta situación o experiencia y ¿qué mensaje tiene Dios para mí? Encontrando estas respuestas vamos a lograr esa paz interna maravillosa que todo ser humano merece vivirla día a día.

Yo sigo en esta extraordinaria escuela de la vida, aprendiendo y comprendiendo que todo lo que nos sucede es para nuestro bien, al final de todo este proceso, será mucho mejor lo que vendrá.

Consejos sobre cómo hacer cambios en tú vida

La Ley del menor esfuerzo, establece que las funciones inteligentes de la naturaleza se dan sin esfuerzo, de forma espontánea y sin fricción. Cuando estamos en armonía con esta Verdad, establecemos la conexión con el conocimiento de nuestro verdadero Dios-Yo. La inteligencia de la naturaleza funciona sin esfuerzo, con despreocupación, armonía y amor. Cuando enlazamos las fuerzas de armonía, felicidad y amor, creamos éxito y buena fortuna sin esfuerzo.

Si realmente deseas hacer un cambio en tu vida puedes hacerlo, poniendo tu voluntad y trabajar en ti mismo, siguiendo la guía de tu intuición, aprendiendo a escuchar tu corazón, que siempre te dice la verdad y por supuesto aprendiendo y poniendo en práctica lo que dicen las leyes espirituales que Jesús nos enseñó hace más de 2,000 años. Como he mencionado en alguno de los capítulos anteriores hay tres componentes importantísimos que se deben considerar cuando decidimos hacer cambios, y estas son la aceptación, responsabilidad y la no defensa.

Es esencial que hagas un compromiso personal de aceptarte a ti mismo exactamente como eres, con tus buenos y malos momentos, con tu carácter, con tus traumas, con tu apariencia física con tus habilidades y todo lo demás que eres. Y aceptar a la gente, las situaciones, circunstancias y eventos exactamente como ocurran, y al mismo tiempo aceptar las cosas que no se pueden cambiar. El momento que estas viviendo ahora es la culminación de todos los momentos que has vivido en el pasado. Cuando aceptas las cosas tal como son, y dejas ir los ideales y los fantasmas de la negación, te encontraras a ti mismo con tus decisiones. No importa qué vida te ha tocado vivir, lo que importa es lo que haces con ella. El verdadero poder de la transformación y vivir plenamente viene de tu capacidad de aceptación.

La aceptación es una puerta a un nuevo estado de consciencia, aceptarte profundamente hace darte cuenta de que no existe otro momento, le dices sí a la vida, te relacionas plenamente y entregas todo lo que tienes aquí y ahora. Es primordial que puedas entender que una gran parte de tus problemas son creados por tu resistencia a las cosas.

La resistencia es la única causa del sufrimiento porque no queremos aceptar lo que está pasando en nuestro entorno y en el mundo.

Necesitas tomar conciencia de no culpar a nadie ni a nada.

Cuando aceptas las circunstancias, los eventos, los problemas, entonces responsabilidad significa la habilidad de tener una respuesta creativa a la situación como se presenta ahora. Esta conciencia te permite tomar el momento y transformarlo en una situación o cosa mejor.

Cualquier relación que hayas atraído a tu vida en este momento es precisamente la que necesitas. Hay un significado oculto detrás de cada evento, y este significado oculto está sirviendo para nuestra evolución.

Debemos desistir de la necesidad de convencer o persuadir a otros de nuestros puntos de vista. Debemos desistir de defendernos y permitir que los resultados hablen por nosotros. Si tú estás convencido de lo que quieres, entonces por qué tienes que gastar energía convenciendo al mundo entero.

Este momento es un regalo divino, muchos maestros espirituales lo llaman "El aquí y ahora", cuando aplicamos estas enseñanzas hermosas en nuestras vidas, la vida fluye libremente sin mayor esfuerzo. Recuerda el pasado ya pasó, el futuro es lo que creas en el aire sin certeza, es una ilusión, y solo Dios tiene el control, el poder y la gloria por siempre. Sólo existe el presente el aquí y el ahora.

¡COMIENZA HOY, DA EL PRIMER PASO!

Si realmente deseas vivir plenamente, pero todavía sigues en la búsqueda o espera de ese camino, de esas instrucciones o de esa guía que necesitas para ayudarte a lograr tu deseo, yo puedo decirte sinceramente que lo primero que debes hacer es tener la voluntad de dejar ir o soltar viejos patrones de comportamiento que tenemos en nuestra vida, que son los obstáculos para seguir adelante en nuestro camino de crecimiento.

Mi sugerencia, sé determinado y pon toda tu fe. La fe es la clave para lograr lo que te propones y tener la convicción de no retroceder, pase lo que pase.

El propósito de este libro es ayudarte a tener mejor acceso a las fuentes divinas que están dentro de ti y que son parte natural de tu naturaleza como ser espiritual y humano que eres.

Debemos aprender a tener una nueva relación con nosotros mismos antes de asumir nuevos socios, aceptemos con amor nuestro empleo actual antes de movernos a uno nuevo, eliminemos pensamientos que crean problemas de salud y cambiemos nuestras actitudes con respecto al suministro y provisión. Con Dios en nosotros, todo es posible.

Creo que tanto ustedes como yo, jamás hemos visto pájaros en las ramas de los árboles leyendo libros completos de cómo volar, ¿Verdad? Ellos saben cómo hacerlo. Ciertamente jamás hemos visto que las zanahorias gruñan o se quejen de sus vidas. La naturaleza es sabia y la gloria está en ella, proporcionándonos numerosos ejemplos de la esencia de la vida. La naturaleza de la vida es armoniosa, fácil y alegre, por lo tanto, no se requiere esforzarse o luchar para manifestar la felicidad y la plenitud en nuestras vidas.

UN EJERCICIO PRÁCTICO, SANANDO EL NIÑO INTERNO

Todos los seres humanos llevamos dentro el niño que un día fuimos y es quien nos proporciona el equilibrio entre la parte lógica y racional, y esa otra parte más libre, pura y divertida.

Es de mucha importancia trabajar con nuestro niño interior, porque este ayuda a que nos desarrollemos en plenitud. Nos facilita la identificación de esos patrones destructivos que interfieren en nuestra vida, nos ofrece pautas para comprender y aceptar aquello que nos hizo daño en nuestra infancia y que aún permanece en nuestro interior, y también nos ayuda a terminar y cerrar esas viejas heridas que nos producen sentimientos negativos.

Lograr tener un niño interior sano y tu "yo" adulto, permite dar paso a un ser único, natural, coherente en cuanto a la aceptación y ternura, es decir te permite tener equilibrio y paz mental.

¿Como esta tu niño interno? Esta sano, herido, abandonado, triste y solo.

Definitivamente todos hemos experimentado alguna herida, trauma o experiencia emocional negativa durante nuestra infancia que no se sanó o curó en ese momento y quedó grabado en nuestro subconsciente, y es por esto por lo que crecemos con miedos, inseguridades, pánicos etc.

Entonces esta es una buena razón para sanar nuestro niño interno.

Claro que revivir el dolor, la tristeza, el rencor y cualquier otra memoria que produce recuerdos no gratos puede ser un proceso duro y desagradable, pero, aunque enfrentarte con lo que te está molestando del pasado sea duro, no lo abandones, continua en tu proceso porque te darás cuenta de que vale la pena enfrentarte a ese dolor o esa memoria. Así es como se trabaja para sanar nuestro niño interno. Veras por ti mismo que esto es sin lugar a duda una experiencia positiva que será capaz de sanar muchas experiencias emocionales y fortalecerá tu autoestima.

Comparto un ejercicio: Sanación del niño interno,

Usando la meditación, puedes ir a tu niñez, trata de verte en la etapa infantil, ¿cómo eras?, ¿cómo era tu habitación? Si es que tenías una, o ¿con quién compartías la habitación? Busca en tu interior y encuentra a ese niño que fuiste antes. Trata de que esa imagen sea lo más real que puedas, porque esto facilitara hacer mejor el ejercicio.

Muy bien, ahora que tienen la imagen de tu niño bien clara (que eres tú mismo cuando eras un/una niño/niña), jugando en tu habitación; imagina que tú (adulto que eres ahora) entras en la habitación y te encuentras con ese niño.

¿Qué ves? ¿Es un niño triste, inseguro?; ¿Ves un niño sufrido?, ¿Ves o sientes esa herida, o daño emocional? Si lo ves, está bien acéptalo y perdónalo, pero luego eres tú mismo que debe aceptarse y perdonarse también.

Poco a poco tu comenzaras a sentirlo más cerca de ti y este es el momento que establezcas un pequeño diálogo con ese/a niño/niña, acarícialo/a, hazte, amigo/a, trata de crear una conexión más cercana fuerte con él/ella y pregúntale cómo se siente, que necesita para sentirse feliz. Haz todo lo posible para comprenderlo/a y dale toda tu protección.

Trátalo como te hubiera gustado que te trataran cuando eras un /una niño/niña. Dale toda tu confianza, dile que este tranquilo, porque a partir de este momento tú lo vas a cuidar y que juntos van a caminar y avanzar con nuevas ilusiones. Este es el mejor momento para jugar con él/ella, continúa dándole más confianza y llévalo al lugar donde te hubiera gustado que te hubiesen llevado cuando eras un niño, dale ese gusto que tu no pudiste tener, ni pudiste disfrutar.

Recuerda que a partir de ahora tú puedes darle lo que desee, diviértanse y rían juntos, así cuando ese/a niño/niña regrese a su habitación, estará contento, satisfecho, y ese/a niño/niña pensativo/a, triste, inseguro/a que encontraste la primera vez que abriste esa puerta, se habrá convertido en un/una niño/ niña feliz, y amado/a

Ahora con mucho amor y ternura despídete de él/ella y dile que cada vez que necesite de ti, tu estarás allí que no dude en pedirte ayuda porque estarás completamente disponible para él/ella.

Resultado del ejercicio-

Es de vital importancia que amemos y protejamos a nuestro niño interno y sobre todo que lo cuidemos porque de esta forma podemos mejorar la parte emocional y fortalecer nuestra autoestima. El trabajo de sanar nuestro niño interno es algo que todos deberíamos hacer porque nos permite descubrir las emociones o eventos dolorosos que no fuimos capaces de sanar en su momento y estos nos mantienen atados al dolor y al sufrimiento.

Solo cuando liberamos ese dolor y aceptamos lo que paso entonces ayudamos a que nuestro niño interno sane.

Ten siempre en mente que tu niño interno te espera siempre. Yo puedo decirte que no hay nada más hermoso y beneficioso que dejar que tu niño sea espontáneo, sea libre. Ámalo, se generoso con el/ella, cógelo siempre de la mano y recuérdale que tú siempre estarás allí para él/ella y no permitirás que nadie ni nada lo lastime otra vez.

Capítulo 14
Si sientes un vacío por llenar

Estamos viviendo una nueva etapa de la evolución del mundo donde cada ser humano aprenderá a despertar y aprenderá a ser más consciente en el momento que sea necesario para cada uno de ellos. La decisión del cambio es puramente personal y es imposible cambiar nuestra vida en un abrir y cerrar de ojos. Cada ser humano es único y complejo y nuestras experiencias son totalmente diferentes, pero lo único verdadero es que somos Uno, creados a imagen y semejanza de Dios. La realidad es que no existe una regla universal, ni una fórmula, que debamos seguir para cambiar nuestras experiencias de vida. Cada uno de nosotros es diferente y único. Cuando expresamos nuestros deseos, ya sea de tener nuestro propio negocio, viajar, casarnos, comprar una casa, cada uno de nosotros personaliza su manera o forma individual de hacerlo.

Hemos sido creados a imagen y semejanza de Dios, creados desde el amor y perfección de Dios, por lo tanto, somos iguales a Él. Somos individuos únicos, con diferentes estilos de vida, diferentes gustos y diferentes personalidades y características físicas, pero UNO en esencia y unidad con Dios. Cuando me refiero a que somos uno en esencia y unidad con Dios, me estoy refiriendo a que más allá de los límites en nuestros cuerpos, existe una conexión entre nosotros y todo lo que nos rodea. Yo creo que somos seres espirituales teniendo una experiencia humana. Estoy de acuerdo con el sacerdote jesuita Pierre Teilhard de Chardin, quien fue uno de los primeros que propuso estar verdad.

Nunca estuvimos separados, todo está relacionado con todos. Esta idea ha sido contemplada desde la antigüedad, todos de alguna manera estamos conectados por una especie de matriz, como lo expresó el Premio Nobel de Física en el año 1954, Max Planck. En el momento que recibió el premio dijo: "Es un campo de inteligencia universal que sustenta toda la materia y el mundo que percibos como real". Todo está unido e interrelacionado a pesar de esa aparente separación. Es más, esa energía e inteligencia divina gobierna al todo a través de leyes o principios universales. Podemos ver claramente como esta conexión la vivimos todos a diario. Cuando alguien sufre, todos sufrimos, aunque esto sea poco perceptible afectará nuestro nivel emocional. De la misma manera cuando alguien muere de hambre, o alguien es humillado de alguna manera toda la humanidad quien sufre las consecuencias de lo que sucede a otros.

Por lo contrario, cuando alguien es feliz, cuando alguien es premiado o es reconocido por su trabajo y labor, todos nos alegramos, nos sentimos contentos y lógicamente repercute positivamente en todos nosotros. De la manera en que yo veo a los seres humanos es como si fuéramos gotas de agua que caen al mar producto de la lluvia. Estas producen ondulaciones que se trasmiten hasta los confines del mar del que forman parte.

Somos gotas cuyas acciones y pensamientos se trasmiten hasta el último lugar del universo, cambiándolo para siempre. Todos formamos parte de la energía divina universal que conforma el todo. Estamos vinculados en una unidad, en la que cada aprendizaje individual supone una ventaja evolutiva par la humanidad.

Yo deseo a través de ese libro darles un marco de referencia para que cada persona edifique su propia vida y esperanza. Quiero decirles que a través de los años me he dado cuenta de que mientras compartamos creencias similares que Dios es nuestra fuente inagotable, él siempre nos proveerá todas nuestras necesidades, desde las más básicas hasta las mayores.

Nuestra aplicación de esta verdad que es la esencia de nuestro "Ser" tomará formas, direcciones y quizás caminos en la vida de cada uno de nosotros.

Puedes seguir adelante con tu vida, haciendo lo que escojas hacer y vivir la vida completamente a tu manera. Pero si sientes que hay algo dentro de ti, que no te permite ser feliz o quizás sientes un vacío profundo, entonces este es el momento de comenzar tu trabajo interno que te ayudará a encontrarte a ti mismo. Seguramente en algún momento encontrarás tu camino si estás dispuesto a trabajar en ti. Con esto quiero decir que, en el lugar emocional, donde estabas antes no estabas enfocado en ti. Estabas distraído, no prestabas atención para ver con claridad tu camino de regreso a casa.

Mi experiencia me ha enseñado que cuando estas en esa situación, debes tomar un tiempo y revisar con detenimiento y verte a ti mismo ¿Dónde estás?, ¿A quién tratas de satisfacer?, o ¿De quién esperas aprobación? Esto implica que muchas veces te pierdas en el camino porque tienes demasiado en tu plato, planes, metas, decisiones pero que no son para ti sino para alguien más en tu circulo de vida, donde te mueves y vives. Es así como vives distraído. El resultado de todo esto es que no te amas a ti mismo, hay falta de amor propio.

Mi experiencia me ha ayudado a descubrir que hay una sola cosa que cura todos los problemas y situaciones en la vida; y este es el amor propio. El amarse a uno mismo es la clave. Esto es una aventura extraordinaria, es como aprender a volar. Imagínate que todos tuviéramos el poder de volar a nuestro gusto, sería más que emocionante, sería extraordinario. Amarte a ti mismo es aceptarte con todo lo bueno y lo malo que hay en ti sabiendo que eres más que un ser humano. Eres un ser espiritual. Aprende a aceptarte exactamente como eres, ya no desear más que tu vida fuera diferente, todo en ti es perfecto. Deja ir y libérate de todo lo que no es saludable para tu crecimiento, aprende que el tiempo no existe, por lo tanto, no tengas miedo y deja de hacer planes. Cancela los proyectos futuros y cambia todo esto por algo más divertido. Háblate a ti mismo diciendo: "hoy hago lo que amo hacer, lo que disfruto y siento gozo". Deja de querer tener razón en todo, aprende a mantenerte neutro. Cuando aprendes a amarte a ti mismo y haces cosas que disfrutas y te sientes bien, cometerás menos errores.

No te enfoques en el pasado, toma la determinación de no revivir las acciones pasadas ni tampoco te preocupes por mañana, entiende que tu felicidad solo está aquí y ahora. Vive el presente.

Entiende y comprende que tu mente puede atormentarte y decepcionarte al mismo tiempo, pero cuando pones tu mente al servicio de tu corazón, entonces tienes un buen aliado, yo diría valioso. Esto es lo que te da tranquilidad y felicidad. Mientras más centrado estes en tu corazón, más rápido podrás ver la diferencia entre lo que es vivir siguiendo patrones mentales y vivir siguiendo tu corazón que es tu intuición. Esto es saber vivir. Tú mismo mereces amor y afecto, si puedes amar, amate a ti mismo primero, háblate como si hablaras con alguien que amas.

El amor propio tiene que ver con la autoaceptación. No es lo que eres lo que te detiene, es lo que crees que no eres. La madurez es aprender a alejarse de las personas y situaciones que amenazan tu paz mental, el respeto propio, la autoestima y el amor propio.

Algo muy cierto es que, como te amas a ti mismo es como enseñas a otros a amarte. Me amo a mi mismo. Recuerda eres increíble, magnífico, maravilloso, amoroso, fuerte, inteligente y sabio.

Con mucha gratitud, reconozco cada bendición recibida en todos estos años de mi vida y las bendiciones que sigo recibiendo ahora día a día. Recuerdo un pasaje de la Biblia en Juan 10:10: que dice: *"Yo he venido para que tengan vida y que puedan tener en abundancia"* Dios quiere que tengamos una vida abundante aún mientras esperamos por el sueño que más deseamos, entonces no se sienten en una silla, solos con sus vestidos de fiesta, salgan y vivan, no permitan que alguien les diga que es tiempo de desistir de sus sueños.

Si has entregado tus deseos a Dios y no has obtenido resultados, puedes dejar ir el sueño sin aferrarte. Eso no significa que vas a rendirte.

Muchas veces, yo he tenido que desistir de situaciones, proyectos, o cosas que había empezado pero que mostraban dudas, cierta frustración o algo negativo. Renunciaba a esto, soltaba porque sabía que esto no era lo único que puedo hacer o crear. Yo tenía muchas otras posibilidades de escoger y enfocarme en otra cosa, algo que me diera satisfacción personal y al mismo tiempo se extendiera a otros.

Mis herramientas salvadoras en esas situaciones fueron nuevamente la confianza y el dejar ir. Confiar se trata de saber internamente que soy una persona capaz, que me siento seguro de mí mismo y del talento que poseo. Yo creo que todos los seres humanos poseemos talentos, pero es necesario trabajar para descubrirlos. Dejar ir es aceptar lo que no puede ser, es el proceso natural de la vida. Reconozco que es difícil, pero nada es imposible cuando uno determina hacerlo.

No creo que en nuestros hogares y escuelas nos hayan preparado para esto, pero lo aprendemos casi a la fuerza en nuestro camino por la vida.

Lo extraordinario es que dejar ir es necesario para poder recibir. Esta manera de ver las cosas me ha bendecido mucho, dándome la oportunidad de renovarme y seguir creciendo como persona. El resultado ha sido siempre positivo abriendo nuevas puertas y dando paso a nuevas situaciones, felices y bellas. Durante un tiempo de dificultades en mi vida, recibí palabras de aliento, consejos estimulantes de amigos que me ayudaron a ver y entender mejor las situaciones que estaba viviendo.

Considero que el balance o equilibrio en nuestras vidas es esencial. Esto fue algo que he superado, cuando tuve que enfrentar un accidente automovilístico, donde por poco pierdo la vida, cuando tuve que hacer frente a la perdida de mi negocio, cuando tuve que enfrentar un diagnóstico inesperado no muy alentador. Más aún cuando tuve que afrontar una vida sola sin mi familia, tuve que hacer frente al reto de vivir sola sin el calor y compañía de mi familia. Esto fue algo muy duro que pude superar, dándome ánimo a mí misma. Yo no he sido la primera ni seré la última en haber experimentado esta fase de la vida.

Estoy segura de que muchos se verán identificados con esta parte de mi experiencia personal. Yo sé que vivo sola en este país, pero nunca me he sentido sola. He experimentado la soledad y tristeza en algún momento durante estos 30 años que he vivido en los Estados Unidos.

Recuerdo que los primeros años fueron de reto para mí porque en primer lugar enfrenté el choque cultural, luego el idioma, porque yo no sabía el inglés. Los sentimientos de incertidumbre y confusión afloraban en cada momento, incrementando así mi preocupación de cómo voy a sobrevivir en este nuevo ambiente en un país completamente diferente al mío. Esto sucede cuando uno se mueve de un país a otro, buscando mejores condiciones de vida y mejores oportunidades para crecer personal y profesionalmente. Yo quise salir porque en mi país Perú, se estaba viviendo una etapa de terrorismo y violencia.

El ajuste a todo este cambio es paulatino, poco a poco uno se va ubicando en el nuevo ambiente y en un momento determinado este se va normalizando conforme nos conectamos con las nuevas formas y normas de vida y los diferentes hábitos. He experimentado este estado de tristeza cuando perdí a mis amados padres, por ejemplo, esto fue un gran dolor, sobre todo cuando en el momento que esto paso no pude viajar como me hubiera gustado.

Durante esa fecha yo había comenzado un nuevo trabajo, un cargo importante, el cual requería mucha responsabilidad y disponibilidad. Además, no pude obtener el permiso necesario para viajar. Muchos sentimientos de profundo dolor y tristeza afloraron en mí, los cuales acepté, dejando desbordar mis sentimientos de tristeza, dolor, rabia, impotencia y mucho más, soltando todo lo que podía porque esto me ayudaba a desahogarme. Tomé mi tiempo, lloré mucho tratando de entender más profundamente lo que realmente significa la muerte desde el nivel espiritual. Pero luego yo misma me animaba y me alentaba poniendo nuevamente mi fe y confianza en Dios, en esos momentos y poder continuar mi día a día y ver las cosas más objetivamente con mucho optimismo.

Yo siento que mi fe en Dios me da confianza en todo momento en particular en los momentos difíciles, de reto que estaba viviendo.

Algo que me ayudó mucho fue buscar ayuda de las personas más cercanas aun cuando no las conocía suficiente. Las familias con quien trabajé cuidando sus niños, y los vecinos de esas familias que de alguna manera se acercaron a mí. También asistía a reuniones, ya sea de los vecinos, en las iglesias después del servicio, o la celebración de cumpleaños de otra niñera que conocía. Allí estaba yo tratando de participar de la manera que mejor podía hacerlo.

Mi objetivo siempre era conocer a otras personas y saber algo de ellos preguntando por lugares cercanas donde podía comprar mis cosas personales y mucho más, esto me ayudaba y me daba tranquilidad porque podía expresarme en mi idioma. También asistía a clases de inglés, en las iglesias cercanas del lugar donde vivía, y aquí conocí a personas de otros países que estaban experimentando y sintiendo lo mismo que yo.

Algo que también me ayudó mucho a mantener la calma y recuperar mi alegría fue poner en práctica mis pasatiempos y mis gustos. Me ha gustado y me sigue gustando mucho la música y el baile desde muy joven, entonces tomaba pequeños intervalos de tiempo cuando tenía mis días libres y simplemente ponía la música y bailaba con todo el deseo que sentía de bailar, disfrutando el momento. Esto me ayudaba a relajarme y soltar tensiones.

Muchas veces me ponía frente al espejo y me hacía la idea que estoy bailando con otras personas todos juntos pasándolo bien, riendo y sintiendo la música. Cuando los recuerdos surgían nuevamente en mi mente, volvía con mis practicas espirituales de fe y confianza en ese ser vivo que es Dios actuando en mí y a través de mí.

Vivir sola es completamente diferente que sentirse sola. Muchas veces la soledad es el resultado de creencias y pensamientos muy arraigados en el subconsciente que hace que las personas se sientan solas y se perciban que están solas, en otras palabras, carecer de compañía.

En términos generales la soledad es uno de los estados más comunes que todos los seres humanos experimentamos en algún momento en el transcurso de nuestras vidas. El secreto de no vivir en soledad es como cada uno de nosotros maneja y enfrenta cada situación. ¿Cómo es nuestra actitud frente a esto? Cada uno de nosotros tendrá su propia respuesta. Yo pienso que casi todos nosotros tenemos diferentes compromisos en nuestras vidas.

Comparto con ustedes las palabras que expresan la verdad respecto a la soledad del escritor Facundo Cabral quien dijo: *"Es imposible sentirse solos cuando sabemos lo conectados que estamos con Dios, con otras personas y con la vida"* En mi intento de encontrar balance yo fui atraída de nuevo a mi practica espiritual preguntándome: ¿Cuál es mi propósito?, ¿Cómo puedo servir?, ¿Estoy viviendo con intención?

He podido ver que, gracias a estas prácticas espirituales de confianza y fe, me han dado siempre ese aliento y estimulo y recordé otra enseñanza de Jesús en Gálatas 6:9 que dice: *"No nos cansemos de hacer bien, porque a su debido tiempo, cosecharemos si no nos damos por vencidos"*.

Dios siempre nos dice cuándo y dónde es nuestro tiempo y saben ¿Por qué? porque Él tiene un día reservado en su calendario para ti, y para cada uno de nosotros. Y ese día es tu cita personal e individual con Él, quien derramará todas las bendiciones que tú has estado esperando por largo tiempo.

Confía que ese día está a la vuelta de la esquina, solo necesitas ser más paciente y esperar. Mientras tanto podemos abrazar los días que nos han sido dados y vivir abundantemente en cualquier aspecto de nuestras vidas que nos toca vivir en este hermoso planeta tierra.

Nosotros no sabemos que tiene o guarda el futuro, o que nos traerá el día de mañana, pero Dios si sabe, solo nos pide que creamos en Él. Ustedes se preguntarán:

—¿Es fácil esto?

Y yo les respondo:

—Por supuesto que no, pero nada es imposible, si nos mantenemos de la mano de Dios.

No hay duda de que estamos viviendo en tiempos de estrés e incertidumbre y habrá días agradables, donde todo sale bien, habrá días complicados, con situaciones inesperadas, cuando pareciera que no hay salida o solución.

También habrá días donde tendremos presiones, dudas, conflictos y todo esto pareciera que sale a la superficie en momentos que no esperamos, pero la renovación del propósito y la intención son vitales para la creación de una Sociedad que honre la dignidad de todos los seres humanos.

Propósito es descubrir tu razón de ser y dedicarte por completo a cumplirlo porque cada uno de nosotros tiene un rol especifico que jugar en este mundo. Todos poseemos regalos, dones y habilidades que debemos buscar dentro de nosotros para luego encontrar nuestro propósito,

Cuando descubres que pasión te mueve, que es lo que enciende tu corazón y reconoces para que eres bueno, entonces has encontrado tu propósito. Sucede que cuando pones tu intención en lo que amas hacer puedes lograr todo lo que te propongas.

La intención es consciente, está vinculada al deseo que motiva una acción y no a su resultado. Involucra la voluntad de hacer algo. La intención es una fuerza que está conectada con todo y con todos en una fuerza invisible.

Es importante recordarnos que precisamente en los momentos difíciles o situaciones adversas donde estemos viviendo, debemos mostrar nuestra fortaleza y trabajar interiormente, intensamente para tomar tiempo y reflexionar en nuestras acciones y aprender que podemos hacerlo o manejar mejor la situación la próxima vez.

Puedo expresarles que "Todo está bien" sigamos adelante y recordemos que no hay obstáculos realmente, solo los creamos con nuestros pensamientos, son ilusiones en nuestras vidas.

Quien quiera que seamos: madre, profesora, hijo, casado, soltero, viudo, ingeniero etc., debemos tomar consciencia, reflexionar, aceptar y comenzar nuevamente poniendo nuestro único enfoque y atención en nuestros pensamientos, convirtiéndonos en nuestro propio observador.

De esta manera podemos descartar o dejar ir los pensamientos que no van acorde con nuestro mayor bien. Nuestro papel más importante aquí en la tierra es vivir, disfrutar la vida y divertirnos. La vida es hermosa y nos ofrece tantos y tantos regalos cada instante.

La razón que escribí este libro relacionado a las experiencias vividas en diferentes situaciones de mi vida personal es solo para invitar y animar a otros a que sigan trabajando para lograr sus sueños, pero nunca sentirse defraudados, y despertar esa pasión que todos tenemos y disfrutar lo que cada uno de nosotros eligió hacer en la vida.

Mi intención con este libro es ser sincera y auténtica y compartir lo que me ha ayudado en mi camino para luego poder ayudar a otros en su viaje. Incluso mientras escribía el libro, yo también estaba aprendiendo y creciendo. Al final del día, de eso se trata la intención de lo que nos hará personas saludables, más felices, más conectadas y decididas.

Personalmente me siento feliz, apasionada de sentir que estoy en el lugar que Dios quiere que yo este.

Recuerda, tú eres único como lo son tus huellas digitales. Eres magnifico, fuiste creado por un diseño exclusivo, para un propósito especial que nadie más puede cumplir, solo Tú.

Encuentra tu Propósito, tus experiencias de vida están en tus Intenciones. ¡Se Feliz! Yo confío que, a través de este libro, ustedes encontraran una nueva esperanza, así como yo la he encontrado.

REFERENCIAS

-Agro Pucalá S.A.A., (1908 – 1969) Evolución histórica Perú, época de hacienda. *Empresa azucarera Industrial Pucalá.* industrialpucala.com/historia/

-Marín, María, motivadora internacional y autora. (diciembre 2013 / enero 2014) El Poder de la fe. *Revista People en español*

-Dr. Ironson, Gail H. M.D. PH. D., Psiquiatra certificada por la Junta de Psiquiatría, profesora de Psicología y científica en la Universidad de Miami, FL. USA. *An Increase in Religiousness/Spirituality Occurs After HIV Diagnosis and Predicts Slower Disease Progression over 4 Years in People with HIV.* Wiley Online Library - https://www.ncbi.nlm.nih.gov/pmc/articles/PMC1924782/

-Su Santidad Gyatso, Tenzin. El 14th Dalai Lama. (Enero /2003) Una Colaboración entre la ciencia y la religión. Miembro activo desde el año (1987). *Instituto Mente & Vida.* https://www.dalailama.com

-Lama, Dalai, (1998) *El Arte de la felicidad,* Editorial: Riverbead Brooks -Pinguin Putnam Inc. New York.

- Collins, Francis S., científico estadounidense, genetista, medico, físico químico y autor conocido por sus descubrimientos de genes-Proyecto Genoma Humano. *Instituto Nacional de Investigación del Genoma Humano.* https://www.genome.gov/es/genetics-glossary/Proyecto-Genoma-Humano

-Collins, Francis S., (6/12/2020). Francis Collins al recibir el Premio Templeton, *Vatican News.* https://www.vaticannews.va/es/mundo/news/2020-06/francis-collins-premio-templeton-coronavirus-fe-ciencia.html

-Collins, Francis S., (2006). *Como Habla Dios- La evidencia científica de la fe.*

-Klinghoffer, David, (4/30/2021). Fe y Ciencia - *Evolutions News and Science today*

-Klinghoffer, David., Senior fellow and editor, (4/11/2022). Entrevista de Peter Robinson con el Filósofo y científico Stephen Meyer. Totalitarian Dystopias and the God Hypothesis. *Discovery Institute.*

-Freud Sigmund, (1890-1895). *El Psicoanálisis.*

-Carl Gustav Jung, destacado medido psiquiatra y psicólogo de nacionalidad suiza. (1914) Creador del concepto del Niño Interior - Fue un colaborador muy cercano de Sigmund Freud.

-Jung, Carl Gustav, (1964-2000) *Recuerdo, sueños, pensamientos* Editorial: Seix Barral, S.A.

-Chopra, Deepak., (1994) *Las Siete Leyes Espirituales del Éxito.* Editorial: Janet Mills.

-Hicks, Abraham., (2004) *Ask and it is Given.* Editorial: Hay House, Inc.

-Hay, Louise Lynn., (1984) *Usted puede sanar su vida.* Editorial: Hay House, Inc.

-Gananci, Andrés. (02/2018) *Como encontrar el propósito de tu vida en 3 simples pasos.* https://gananci.org

-Walsh, Neale Donald. (1995) *Conversaciones con Dios.* Editorial: Pinguin Random House Group

-Tolle, Elkhart., (1997). *El poder del ahora.* Editorial: Namaste Publishing and New World Library.

-Schuman, Helen., (publicado 1ra.vez 1976, 3era.edicion 2007). *Un Curso de Milagros Trabajo profundo con el Perdón.* Editorial: Fundación para la Paz Interna

-Méndez, Conny., (2003). *Metafísica 4 en 1, Vol. 1.* Editorial: Bienes Lacónica, C.A.

-Dr. Dyer, Wayne W., (2004). *El Poder de la Intención.* Editorial: Hay House, Inc.

- Weiss, Brian L. M. D., (1988). *Muchas vidas, muchos maestros.* Editorial: A Fireside Book.

-Howard, Clark. *Presentador de Radio, (WSB-AM), defensor del consumidor*

-Bascary, Khali. Experto en Leyes Universales, activista y comunicador social argentino- *Creador de la disciplina Cosmo Sociología que trata de comprender las leyes Universales y aplicarlas en nuestras vidas cotidianas y relaciones sociales.* https://relacionescosmicas.wordpress.com/khalil-bascary-2/

-Nhat Hanh, Thich, Poeta y maestro ZEN. (1976). *El Milagro de la atención plena (The Miracle of Mindfulness).* Editorial: Beacon Press books.

-Branden, Nathaniel. (2005). Psicoterapeuta y escritor americano-canadiense- Fundador del Movimiento de Autoestima en Psicología. *Los seis pilares de la autoestima.* Editorial: Paidos (Edición 7/8/2005)

LITERATURA LEÍDA SOBRE ÁNGELES QUE ME HAN AYUDADO A COMPRENDER Y EXPANDIR MI CONOCIMIENTO MÁS PROFUNDO SOBRE LA EXISTENCIA DE LOS ÁNGELES

-Bence, Evelyn., (2000) *Ángeles siempre cerca*. Editorial: Guideposts book

-Dr. Graham, Billy., (1994) *Ángeles*. Editorial: Word Publishing

-Barbara Mark, y Griswold, Trudy., (2000) *Hablando con su ángel de la Guarda*. Editorial: Simon & Schuster -Aguilar Libros en español.

-Miller- Russo, Peter & Linda., (2001) *Los arcángeles, un plan de curación*. Editorial: Llewellyn español.

-Bence, Evelyn., (2000) *Ángeles siempre cerca*. Editorial: Guide posts Book.

-Yogananda, Paramahansa., Yogui y Gurú Hindú. (1920) *Creador del método Kriya Yoga en occidente* (meditación que actúa directamente sobre la energía y la conciencia)

-Lipton, Bruce H. PH. D., (2005) *La Creencia de la Biología*. Editorial: Hay House, Inc.

-Patel, Kamlesh D. – Pollock, Joshua., (2018) *The Heartfulness Way*. Editorial: New Harbinger Publications, Inc.

-Fillmore, Myrtle., (4ta.Edicion 2006. *Como permitir que Dios te ayude*. Editorial: Unity Books.

LIBROS QUE RECOMIENDO
MENTE - ESPÍRITU - CUERPO

Fundación para la Paz Interna -Helen Schuman: *Un Curso de Milagros*

Paramahansa Yogananda – *Yogui y Gurú: Biografía de un Yogui*

Ernest Holmes: *La ciencia de la Mente*
Tu poder espiritual

Emmett Fox: *La llave de Oro*
El poder de la mente

Daniel G. Amen, M.D.: *Cambia tu cerebro cambia tu cuerpo*

Louise L. Hay: *Tú puedes sanar tu vida*
El poder está dentro en ti

Wayne Dyer: *El poder de la Intención*
El Cambio
El Universo oye lo que sientes

SOBRE EL AUTOR

Nació en la ciudad de Chiclayo, capital del Departamento de Lambayeque, Perú, América del Sur en el año 1950. Vilma Orrego se siente muy feliz y agradecida de haber elegido a sus padres antes de nacer. Fue criada y educada por sus padres quienes fueron trabajadores de clase media. En su sentir y creencia, sus padres fueron dos seres maravillosos, buenas personas, amorosas, con buenos valores y muy dedicados en sus labores. Ella se considera muy bendecida de haber tenido una infancia estable y agradable a pesar de las dificultades sociales y políticas que se vivían en ese tiempo.

Desde muy joven ella tuvo siempre una manera particular de inspirar confianza de las personas, especialmente de sus amigos que necesitaban hablar de sus sentimientos, y encontraban en ella a una persona que escuchaba sin juzgar. Siguió sus estudios en la Universidad Del Pacifico, Lima – Perú, y se convirtió en Relacionista Publica y Comunicaciones. Mas tarde por razones de inseguridad y brotes de violencia relacionados con el grupo terrorista "Sendero Luminoso" en su país Perú, ella emigró a Estados Unidos en el año 1989 buscando mejores oportunidades y seguridad. Siendo este país su lugar de residencia actual.

Poco después se enfrentó a la dura realidad del choque brusco de cultura, porque todo era diferente en este nuevo lugar. Ella se considera una persona perseverante, con capacidad de adaptación, y esto le ayudó a integrarse mejor a la nueva cultura.

Vilma es una persona responsable, le encanta trabajar en equipo, se considera una excelente pieza como miembro de un equipo de trabajo. Esta siempre dispuesta a aprender, emprender y mejorar siempre con una actitud positiva y buena voluntad.

Después de un tiempo continúo preparándose, se certificó como Instructora ESL, trabajo que ama hacer. Ella posee conocimiento y experiencia en áreas de administración, gerencia, gestión, liderazgo y supervisión, habiendo trabajado en diferentes compañías e instituciones en este país EE. UU.

Su trabajo dedicado, su disciplina y su constancia han contribuido para ser premiada por su excelente trabajo siendo acreedora al premio máximo "Vendedora del Año" y recientemente con el premio a la "Excelencia Excepcional" como educadora.

Su práctica espiritual es simple y constante, con los pies puestos siempre en la tierra, libre y abierta. Un evento drástico que sucedió en el año 1992 cambio su vida por completo, dándole la oportunidad a una apertura más profunda de su trabajo espiritual trabajando más con su Ser Interior.

Vilma Orrego ha seguido profundizándose más en sus estudios y actualmente ella tiene certificaciones como Entrenadora de vida y del despertar espiritual, y practicante de sanación energética – Reiki Máster, entre otros.

Su mayor pasión es ayudar y guiar a las personas que están listas para iniciar su proceso en el despertar de conciencia. Sus prácticas de sanación energética intuitiva se iniciaron a través de sus experiencias personales relacionadas a su salud física y otros eventos en su vida.

Made in the USA
Columbia, SC
11 April 2023

14763758R00169